日本の神々と天皇家のルーツと役割

人神学を通して見えてきたもの

天無神人《アマミカムイ》

ナチュラルスピリット

はじめに

令和の時代、新たな波に乗っていこう！

２０１９年5月1日、元号が「平成」から「令和」になりました。あなたは、その新たな時代のエネルギーにうまく乗っていますか？

私はかなり前から、２０１９年になると新たな意識エネルギーが動き出し、次元上昇が加速することをブログや講演会などで伝え続けてきました。

その前段階である２０１６年から２０１８年までの3年間は、「人類進化における、最後の意識覚醒の期間」として設定されていました。過去の思いを超えて大きく羽ばたくビッグチャンスだったのです。


だからこそ、２０１６年1月から「人類進化の3年間」に必要な正しい精神世界情報を学べる学校として『スピリチュアル大学校』を開校し、意識の世界の真実をすべて公開してきました。

それ以前の人類進化の活動としては、２０１１年2月21日、地球の未来を本気で考える人たちのためのコミュニケーションサイト『地球創生ＳＮＳ』を立ち上げ、その翌月、２０１１年3月11日に東日本大地震が発生したため、被災地の仲間に向けて阪神大震災で学んだ現地の対応策を伝えたり、全国の仲間にも正しい現地情報を伝えることができ、多くの人たちの混乱をおさめることができました。

地球と人類を進化させるためのガイド役としてこの世に生を受けた私は、宇宙の真理や歴史の裏側などの神事で得た情報を、『地球創生ＳＮＳ』および『スピリチュアル大学校』で公開していく活動は、私の意思ではなく、すべて降りてきた啓示によって動かされているのです。

なぜ、スピリチュアルな世界を学問にするのか。そう不思議に思う方もいるかもしれません。

スピリチュアルな世界を心の拠り所としている方や、気づきを促す情報として活用している方などもいると思いますが、そういった「自分の視点」を超えて神の世界を体感するようになると、目の前で展開する出来事のすべてが喜びに変わります。

キーワードは、時間の概念を超えること。

私たちの魂は、自分で両親を選び、生まれる場所や育っていく環境をあらかじめプログラムしてこの世に誕生します。さらには、数えきれないほどの他の人生も経験しているのです。

通常は、そういった記憶を忘れて生まれてくるわけですが、スピリチュアルな世界への理解が深まっていけば、どのような苦悩が立ちはだかってもそれを「今世の経験」として受け止めるので、現実を嘆き悲しむことはなくなるでしょう。

生まれる前に魂の記憶がすべて消される理由は、過去を乗り越えて新たな人生をスタートさせるチャンスが与えられるからです。それは一人ひとりの魂の進化だけでなく、地球がかつてない「大愛の星」となるために必要なことだからです。

私たちの魂には、過去世のあらゆる出来事が記憶され、ネガティブな感情も刻み込まれていますが、それはすべてカルマを解消するために必要な経験でした。どんなにつらく苦しい出来事も、それを経験することで少しずつカルマが外れ、あなたは軽やかでハッピーなオーラに包まれていきます。

まず大事なことは「自分の視点」を捨て、直観にしたがって行動すること。知識や理解を超えて、何ごともハートで感じてみてください。

あなたの意識が、すべての現実をつくり出していることに気づくはずです。

２０１６年から２０１８年までの3年間で、多くの方がこの意識に目覚めました。そうでなかった方は、ますます苦しい状況に置かれているかもしれません。２０１９年以降は、この二極化がさらに進んでいくと思われます。

日本人には、全人類の魂を進化へといざなうスピリチュアルリーダーとしての役目があります。新しい時代の意識のあり方を世界に広めなければなりません。そのためには、日本人が背負った「無意識カルマ」を完全に外すことが必要になってきます。

私は、この国全体を眠りから目覚めさせるために、これまでにない学問領域としての『スピリチュアル大学校』を設立しました。

カリキュラムには「初級クラス」「中級クラス」「上級クラス」があり、初級クラスは「人神学《じんしんがく》」「自然神学《しぜんしんがく》」「宇宙神学《うちゅうしんがく》」「人間関係修復学」で構成されています。本書では、そのうちの「人神学《じんしんがく》」をわかりやすくまとめました。

過去の経験にとらわれてしまう人間の習性を超え、新たな愛を創造するために、日本の、世界の、地球の裏の歴史をひも解くことで読み手の魂を目覚めさせ、生きること自体を喜びにできる人材を育てるのが、本書の目的です。

2016年から2018年までの意識進化の3年間を経て、2019年は「君が代」の夜明けを迎えました。

天皇が代わり、「日本人の精神性」にも大きな変化が起きています。

そして2020年からは、本格的な地球の第4ステージ（新たな2000年間）がスタートしました。

いま、私たち日本人は古来の神々や天皇を敬う心が問われています。大切なことを忘れかけた「日本人の精神性」が、世の混乱を生んでいるからです。

とくに龍神とつながるためには、自然への感謝、水への感謝、土地への感謝、火への感謝、食べ物への感謝を忘れないことが大事です。

人として当たり前のことですが、私はこれからも感謝することの大切さを伝え続けていきます。そして、地球の未来を本気で考え、ともに行動する仲間と一人でも多くつながっていきたいのです。

令和の時代のエネルギーは、明治・大正・昭和・平成の頃とはまったく異なります。喪に服すのではなく、華やかなお祝いムードで新時代の幕を開けたことも、この時代の希望を象徴しているといえるでしょう。

令和の波に乗っている方は、素敵な出会いに恵まれ、感動と気づきの毎日を過ごしているはずです。まだ乗り切れていないと感じる方でも、焦る必要はありません。2020年以降は、あなたが過去の思いを乗り越えるために与えられている学びの時間だからです。

2023年、大きな決断の日を迎えるにあたって、もう待ったなしの時期にさしかかっています。

私たち日本人は、世界中すべての民族を一つにするほどの霊性の高さをもっています。なぜなら、和合の精神は日本人特有のもの。私たちの暮らしは、すべて「和」がベースにあります。

八百万の神といいますが、すべての民族、すべての宗教をまるごと受け入れる資質が日本人にはある。だからこそ、あなたはこの国に生まれたというだけで、世界を平和に導く大きな使命があるのです。

いち早くそのことに気づいて、先人から多くの叡智を学び、自らの役目を果たしてほしいと願っています。

どうぞ、あなたも令和の時代の新たな波に乗って、人類と地球の進化の一翼を担ってください。

もくじ

もくじ

もくじ

第7章　南北朝カルマの解消と日本人の役割

第1章

日本人の精神性と先祖神信仰

神社のご祭神は、神か？ 人か？

あなたは、どんなときに神社を訪れますか？

とくに信心深いわけでなくても、年に何度かは神社を参拝する機会があるのではないでしょうか。「困ったときの神頼み」という言葉もありますが、商売繁盛・家内安全・厄除け・受験合格・恋愛成就・子宝祈願・交通安全など、何か切羽詰まったときや人生の節目に参るケースもあると思います。

近年では、女性誌やテレビ番組などのメディアがけん引するパワースポット・ブームに乗って、神社巡りが趣味という人も増えているようです。旅行会社が企画するご朱印集めツアーも大盛況と聞いています。

全国各地には大小合わせて8万社以上もの神社があり、多くの神社では複数の神様が祀られています。

このような神様のことを「ご祭神」といいます。

神社とは文字通り、神様がいらっしゃる社《やしろ》のこと。すなわち聖域です。

鎮守の森や鳥居を見れば、誰でも俗世とは異なる神聖な空気を感じることから、神社は、私たち日本人の心の拠りどころとして自然に溶け込んだ存在といえるでしょう。

訪れた神社に「どのような神様が祀られているか」ということよりも、「どのようなご利益があるか」を気にする方のほうが多いように思われますが、これからはぜひ「ご祭神」に注目してみてください。

日本固有の宗教である神道では、八百万《やおよろず》の神を信仰の対象としています。

八百万とは、数がたくさんあるという意味で、森羅万象に神が宿るという日本古来の古神《こしん》道《とう》の精神性をあらわしています。

神様というと、キリスト教ではイエス・キリスト、ユダヤ教ではヤハウェ、イスラム教ではアッラーといった一神教をまずイメージしますが、わが国には「神様」といっても絶対主という宗教的概念はありません。

そう、日本神道は多神教にあたります。古来より生活に密着している八百万の神。それだけたくさんの神様がいて、それぞれに個性があり、役割やご利益も異なるのです。

それでは、神社に祀られているご祭神が「神なのか」「人なのか」という問題についてご説明しましょう。

結論からいうと、いずれの場合もあります。

たとえば、日本の天皇ですが、第二次世界大戦で負けるまでは「神」として存在してきました。その意味において、かつての天皇は人でありながら神でした。つまり、人格神《じんかくしん》だったのです。

さらに、天皇家が約2700年にわたり祖霊神として祀っている天照大神《あまてらすおおかみ》は、もともと自然神としての信仰対象だった太陽が、名前と個性をもつ人格神になったものです。

天地創成から第33代・推古天皇までの神話が記された『古事記』。全国各地の神社にご祭神として祀られている天照大神は、その『古事記』に登場する八百万の神の代表格といってもよいでしょう。


一方で、日光東照宮の徳川家康公、太宰府天満宮の菅原道真公、明治神宮の明治天皇など歴史上実在した人物が、その死後に崇められたケースもあります。このような神様のことも人格神と呼びます。

ほかには、木、森、山、滝、太陽、海などの自然物を信仰の対象としたり、インドや中国など外来の神様が含まれたりと、さまざまな要素が詰まったその複雑さが、日本の神様の特徴といえるかもしれません。

日本の神様には「わかるようで、わからない」という印象がありますが、その起源をはるか太古にまでさかのぼるため、紙も文字もない時代から口伝《くでん》で語り継ぐしかなかったことも、わかりづらくしている要因の一つではないでしょうか。

日本神道のルーツは、古神道《こしんとう》にあります。

古代人は、自然崇拝を基礎としながら、身近な死者の魂を鎮めるための先祖神を祀っていたと考えられています。巨木や巨石などを神や先祖神の依代《よりしろ》として崇めるという素朴な信仰心が芽生えていたのです。

こういったアニミスティックな信仰は、まさに体験や感覚の世界。言い換えれば「心の信仰」です。

文字に残すことができない神の概念を語り継いでいくためには、人の記憶に残るような物語にする必要があり、それが日本神話の原点なのです。

日本最古の歴史書といわれ、天地創成から古代日本の成り立ちまでがまとめられた『古事記』『日本書紀』には、極めて人間的な神々のエピソードがドラマティックに描かれています。

これらの書物は８世紀のはじめに天武天皇が編纂《へんさん》したものですが、日本神道の裏本である

『風土記』『先代旧事本記』も含めて、どの歴史書にも古神道についての正確な記述はありません。そのため、現在の神社神道では古神道を重要視していません。むしろ、古神道の概念から大きく乖離《かいり》しているといわざるを得ないのです。

先祖神信仰とシャーマニズム

神社のご祭神は、神か？　人か？

この疑問の答えを導くには、私たち日本人のルーツでもある古代先住民による人格神信仰をひも解いていく必要があります。

人格神信仰とは、簡単にいえば「人に対する信仰」のことを指します。誰を祀るのかといえば、まず第一にあげられるのが先祖でしょう。

人がこの世に生まれるためには、父親と母親が必要です。2人の遺伝子を半分ずつ受け継いで、新しい命が誕生するからです。その父親と母親も、それぞれの両親から生まれました。こうして親から子へ、子から孫へと数十億年もの命の連鎖が続いた果てに、いまのあなたがこうして存在しているのです。

命を授かるということは、まさに奇跡であり、生かされていることへの感謝をせずにはいられません。このような背景から、日本のみならず世界中で「自分につながるすべての先祖」を敬い、讃える習慣が見られるのです。

米国のネイティブアメリカン、オーストラリアのアボリジニ、北海道のアイヌ民族、沖縄の琉球民族など、アニミズム、シャーマニズムを中心とする先住民の原始信仰では、人間が生きるために必要なもののすべてを「神」として崇拝しています。

海からの恵みを得て生活している人たちは、海そのものを神として拝みます。獣や木の実など山からの恵みを得て生活している人たちは、獣や木々、山そのものを神として拝みます。

古代の祈り場に社《やしろ》はありませんでしたが、決まった場所で祈りをしていたので、いまもその場所には神（への祈り）のエネルギーが残っています。

山岳にこもって呪法を修行する修験者も、社をもちませんでした。古神道の時代、人々は目に見えない超自然的な存在とその力を信じ、シャーマンや巫女を通じて精霊や宇宙と交信する術を得ていたように思います。

そのアニミズム的な精神文化をいまも守っているのが、北海道のアイヌ民族。私が日本全国を神事でまわりはじめる以前は、北海道と沖縄を中心に神事を行ってきました。

アイヌ最高位の長老《エカシ》による書物には、神々のことはもちろん、人間が地球に降り立ったときのストーリーも詳細につづられています。これはアイヌ民族が非常に高度な意識に到達している証となるでしょう。

狩猟採集生活を中心とした古代の先住民は、一般的には「知性が低くて野蛮」と考えられていますが、それは大きな間違いです。実際の彼らは、高位の神々と直接交信できるほどの霊的能力がありました。

たとえば、家を建てる材木が必要になると、山の神と対話をして「どの木を何本切ったらよいか」の指示を受けるそうです。こうした先住民の祈りですが、いまでは北海道（アイヌ民族）と沖縄（琉球民族）にしか残っていません。

私たちは、動物や植物から命をもらって日々生きていますが、アイヌの人々にはそれらの魂を感謝とともに天へ返すという考え方があります。

私が子どもの頃に旭川で見たアイヌのイオマンテ（熊送り）儀式は、じつに衝撃的でした。極寒の季節、真っ白な雪原に一頭の小熊が鎖でつながれています。狩猟の際に捕えられ、1年間、愛情をかけて大切に育てられた小熊です。

その小熊を見守るように、長老と正装した巫女の老女が一列に並び、若い男たちが手に弓矢をもって輪になって踊りはじめます。そして、踊りながら小熊を目がけて一人ずつ弓矢を放っていくのです。

何本もの弓矢が刺さった小熊はもがき暴れますが、やがて動きが鈍くなり、絶命します。小熊の口から出た魂が親元へ戻るように、参加者全員が祈りの歌と踊りを披露して、その儀式は終わりました。雪原に赤い血潮が飛び散る様子は、いまも私の脳裏にはっきりと刻まれています。

いっけん残酷な行為のようですが、狩りで親を亡くした小熊に対し、1年間大切にもてなした後、感謝しながら屠殺し、親元である天界へ送るというアイヌにとっては非常に大切な儀式なのです。

私が生まれ育った北海道芦別《あしべつ》市は、旭川アイヌにとって最高の「熊の狩り場」だということを後から知りました。アイヌの人々は、このような儀式を伝承することで、動植物から授かる自然の恵みと命の循環について身をもって学んできたのだと思います（イオマンテ儀式は1955年に禁止され、2007年にその通達が撤廃されました）。

北海道に渡来人が入植するずっと前から、この土地を守ってきたアイヌの先住民たち。長老によって部族が束ねられ、伝統文化を継承してきました。アイヌについては知れば知るほど、いかに高い知性と精神性をもった民族であったかに驚かされます。

文字をもたない民族として縄文時代から生き続けてきた彼らは、その最高の智恵を長老《エカシ》と霊媒師《トゥスクル》が語り継いできたのです。

ほかにも、アイヌには独特な先祖崇拝のシャーマニズムがしっかりと息づいています。命を生み出す役割のある女性が中心となり、命のつながりの元である先祖神を拝むのです（男性は、先祖神以外の神事を行います）。それは、生死を決断するという重大な役目を女性が担っているからに他なりません。

集落に定住するようになったアイヌの人々は、祭壇を設けて土地を守る神々を大切に祀り、神事を行っています。

また、先祖神信仰に関しては自宅の裏に拝み場を設け、先祖があの世での生活に困らないよう、イモなどの食べ物やタバコを供物として捧げます。その拝み場は、家族以外の人に見せることはありません。

北海道から遠く離れた沖縄でも、琉球古神道の精神文化が受け継がれ、古くから女性が神事を行っています。沖縄の神事は、命を生み出し、命を守る役目のある女性が行うのが筋という考え方があるからです。

もともと沖縄では「男の拝み」と「女の拝み」を分けて行っていましたが、琉球王朝時代、時の王様が、自らの権力を他に奪われないためにも、（男たちが神力をもつことを恐れて）祭祀トップの座を聞得大君《きこえおおきみ》や祝女《のろ》の女性たちに譲りました。以降、何百年ものあいだ沖縄では「神事は女の役目」が通説となっています。

ところが現代の沖縄では、古来伝わるアニミズム的な先祖崇拝に仏教概念が入り、混在したかたちでの先祖神信仰となっています。寺の制度が島に入ってきたことにより、檀家として先祖供養を行う人たちも増え、家族や親族のあいだでは宗教の違いによるトラブルもよく見られるようになりました。

仏教とは本来、生きている人間が悟りを得ることを目的とした宗教であり、死者の霊を祀るためのシャーマニズムとは一線を画します。

かたや沖縄の離島集落では、古くから伝わる先祖祈りの儀式や祭りがいまも守られています。たとえば、伊良部島に約７００年続く伝統の豊年祭・ユークイ（世乞い）。集落から選出された司《つかさ》の女性たちが御嶽《うたき》で神歌や踊りを奉納するという行事が行われています。

また、島内にある死者を祀る御嶽では先祖神にタバコを供える習慣があり、これはアイヌの伝統にも共通します。

かつてタバコは、長老や神人《かみんちゅ》などステータスがある人のための嗜好品でした。タバコを供物として捧げる意味は、先祖の好物というよりも、祈りを捧げる子孫がタバコを吸うほどのステータスを得たという証でもあるのです。

人格神信仰の基本的な概念は、先祖神にあります。

先祖の祀り方や祈り方は土地や民族によってさまざまですが、自分の血筋や家系の先祖を拝むことを大切に受け継いできたことは共通します。

先祖神には、日々こうして生かされていることに感謝するという、自然と密着した暮らしや祈りを守ってきた先住民の精神文化は、現代人がきちんと継承すべき「人類の宝」といえるでしょう。

先祖へのお詫びと感謝の心

霊感の強い人は、現実に存在しないものが見えたり、聞こえたりしますが、そのことに関してコンプレックスをもってしまいがちです。見えない存在の多くは、体の痛みを通して思いを伝えようとしてきます。そのつらさを誰かに訴えても理解してもらえず、心身に不調をきたしたり、心を閉ざしてしまうケースも珍しくありません。

それでは、見えない存在を無視してよいのかといえば、それは違います。

たとえ「見えないものは信じない」という価値観の人であっても、自分の命をつないでくれた先祖には自然と手を合わせたくなるものでしょう。

また、家族などの身内が亡くなると、人は悲しみに暮れながらも「ありがとう」という言葉で見送ろうとします。

あなたが居てくれたから、いまの自分がいます。これまで本当にお世話になりました。そういう感謝の気持ちを込めて手を合わせるのです。

命のつながりへの思いは、世界共通のもの。命のつながりがない人間など、この世には存在しません。だからこそ、目には見えなくても、先祖は確実に「いる存在」として拝むことが大切なのです。

先祖からは、じつは私たち子孫が丸見えなのです。

あいつは、いつも口では「やる、やる」といいながら、なかなか行動できていないな……。

そんなふうにあなたを見守っているのかもしれません。

ときには墓前や仏壇に手を合わせて、先祖に頼みごとをする場面もあると思いますが、基本的には、先祖の魂は頼みごとをされても何もできません。ただじっとあなたを見守り、あなたに気づきが起こるのを待っているだけなのです。かりに力をもった先祖がいたとしても、そのような先祖であれば、なおのこと手を差し伸べることはしないでしょう。

そもそも人間の世界は修行の場です。さまざまな体験を通じてあなたの魂が成長することを、先祖は何より望んでいるのです。

この世に100％完璧な人間はいないのと同じように、先祖も100％完璧ではありません。気の強い人、気の弱い人、頑固な人、素直な人と個性もさまざま。成功した人、失敗した人、愛された人、傷ついた人など生前での経験もさまざまです。

まずは100点満点の生き方をした先祖はいないことを理解しましょう。

先祖の思いは、私たちの遺伝子にすべて記憶されています。

あなたが一族の血統を受け継いでこの世に誕生した目的は、生前に神様と約束した「大いなる目的」を果たすためですが、その目的は、先祖が生前にかなえられなかったことでもあります。

つまり、誰もが先祖から思いを託されてこの世に生まれているのです。これこそが先祖神信仰のもっとも大事な要点となります。

先祖供養というと、一般的にはお彼岸やお盆の墓参り、法事などの宗教的習慣を思い浮かべますが、お金をかけて立派な仏壇やお墓を購入しても、日々の感謝の気持ちが先祖に伝わらなければ何の意味もありません。豪華な仏壇を用意したところで、子孫が手を合わせることもなく汚れたまま放置されていれば、ときには祟られることもあるのです。

先祖神といっても感情的には人間と同じなので、子孫から大切にされず、忘れ去られてしまうほどつらく悲しいことはありません。

先祖事にお金をかけるのは本人の自己満足でしかなく、それで喜ぶのは専門業者やお寺の関係者だけ。先祖が本当に求めているのは、子孫からの「お詫びと感謝の気持ち」なのです。

先祖の思いを知って、これまで感謝が足りなかった自分を省みること。このお詫びの心こそが、先祖神信仰の根幹となります。

墓前や仏壇の前でなくても、いつでもどこでも先祖神への祈りは可能です。御霊が納まる西の方角を向いて「ありがとうございます」と手を合わせてください。

心が不安定になったときも、西の方角を向いて「ごめんなさい。ありがとうございます。

私はこう生きます」と宣言して祈れば、自分の意志と言霊だけで心の不安定さはおさまります。

これこそが人間のもっとも深い根の力。先祖神は、同じ目的を果たすための同士のような存在です。

先祖にお詫びと感謝をする人は、必ず守られます。そして、後世まで永く祀る気持ちを受け継いでいくことが子孫繁栄につながるのです。

自己存在を示す命のつながりの大切さ

個人カウンセリングの事例をご紹介しましょう。

ある日、20歳の娘に霊障があるとご両親が相談に来られました。その娘さんは、家の中で目に見えない何かに足首をつかまれたりするとのことです。

ご自宅を訪問すると、物が散乱して汚れた状態でした。

とくに気になったのは、仏壇のある部屋の床の間にゴチャゴチャと物が積まれてあったことです。床の間は「神が降りる場所」なので、本来なら掛け軸や一輪挿しなどを飾り、すっきりとさせておかなければなりません。まずはすみやかに床の間を片づけてもらいました。神棚や仏壇もきれいに整えてから、その家の先祖との対話を試みると、数年前に他界した（20歳の娘にとっての）祖父の霊があらわれ、体が弱くて精神状態が不安定な孫娘のことをとても心配しているのです。

娘さんから、「おじいちゃん、私はもう大丈夫。心配かけてごめんなさい。これまでありがとう」と心の中で語りかけてもらうと、祖父の霊は安心したようにゆっくりと天へ向かっていきました。

それ以降、娘さんの霊障は消え、心身の調子も改善されたとのことです。

このようにシャーマニズムの世界では、私のような能力者《シャーマン》が霊媒となって先祖など死者の霊と対話をします。あの世とこの世の交流によって病気を治したり、トラブルを解決したりするのです。

先祖との対話は、特別な能力や霊感がないとできないことのように思われますが、自分の先祖の場合、いつも「お詫びと感謝の気持ち」で手を合わせていれば、必要なメッセージをしっかりと受け取ることができます。先祖とは血縁でつながっているため、あの世とこの世の交流がしやすいのです。

ただし、他人の先祖に関わるのは注意が必要です。見ず知らずの人の墓を拝まないのと同じで、普通はしなくてよいことです。お寺の僧侶であっても檀家以外のお墓や仏壇は拝みません。

先祖神には人間と同じ感情があるので、「私が供養してあげましょう」などとむやみに他人が手を合わせてくれれば、「お前は何ものだ!」と不信になり、ときには霊障が起きることもあります。

人格神の神事を行うには専門的な知識や経験が求められるので、興味本位で他人の先祖に手を合わせることは避けたほうがよいでしょう。

霊能者でない人が神事を行ってよいのは、自分の先祖神まで。他人の先祖供養などを請け負うには、まず自分の先祖事を終わらせなければなりません。

沖縄で活躍するユタや神人《かみんちゅ》も、修行の際には3年以上の歳月をかけて、自分の先祖事をすべて終わらせます。お詫び、お詫び、お詫び……の祈り(修行)を延々とくり返すのです。

先祖とは、あなたの自己存在を示す大切な拠《よ》りどころです。しかし、核家族化が進んだ現代では、神棚や仏壇がない家庭も多く見られ、命のつながりである先祖神に対して手を合わせる機会が大幅に減っています。

普段から自分の先祖を拝むこともせず、ご利益を得るために神社仏閣を巡ったところで、その願いが聞き届けられるでしょうか。私は、そうは思いません。

人格神としての先祖神とその祀り方について、私たちはしっかりと理解し、実践することが求められています。

ことのほか先祖を大切にしてきた琉球古神道の流れをくむ沖縄でも、原始宗教的な習慣が、家長制度の崩壊とともに消え去りつつあります。神事や先祖事を教え導いてきたユタや神人も、30年後にはいなくなるだろうと推測されています。

これからの時代、年長者から伝統を受け継ぎ、大切なことを学びながら新しい知恵とルールを模索することが必要になってくるでしょう。

生まれた土地、住んでいる土地の意味

私たちは想像以上に土地からの影響を受けています。なぜなら、その土地には過去に関わった人たちの思いが刻み込まれているからです。

ほとんどの人は土地の上で暮らしています。あなたがいま居る場所では、過去にさかのぼってどのようなことが起きたかご存知でしょうか？　その場所の歴史を調べることで、あなたの家系が抱えている因縁がわかることもあります。それが先祖代々の土地であれば、なおのこと影響は大きくなるでしょう。

家屋にも「人の思い」は残りますが、壊してしまえば消え去ります。しかし、土地に染みついた「人の思い」はそう簡単には消えません。住む人がその土地の歴史について理解することは、土地を浄化するうえで大切なのです。

図書館で文献をひも解いたり、役所で記録を調べたり、あるいは地域の年長者に聞き取りをしてもよいでしょう。すると、気になる時代やその歴史に自分が関わっていたという事実を断片的に思い出すようになります。

どんなに面倒な作業でも、かつてそこに住んでいた人（先祖）の思いを知ろうとする行為が供養になり、鎮魂になり、結果としてあなたや家族の因縁解消につながるのです。

どうぞ土地の神様に愛される存在になってください。

自らの使命を果たすためにも、あなたがどうしてこの土地に縁をもったかを理解する必要があります。

いま住んでいる土地だけでなく、生まれた土地との縁も大切です。人の魂は、受胎後およそ３～６カ月で肉体におさまるといわれますが、それまでに魂の「大いなる目的」を果たすため、どの両親のもと、どの土地で生まれるかを神様と話し合って決めます。それだけ生まれた土地には深い意味があるのです。

私たちは日々さまざまな選択をしていますが、どんなことも自分が選んでいるようでいて、じつは「選ばされている」ことを理解しなければなりません。生まれる前から決めてきた「大いなる目的」に沿って、私たちは必要な体験を積み重ねているのです。

自分の人生なのだから、自分の思い通りになる。そのような驕《おご》りがあると、たびたび気づきを促す出来事が起きるでしょう。

私は、数多くのカウンセリング事例を通じて生まれた土地、住んでいる土地の歴史を知ることの重要性を強く感じています。

人と大地とのつながりは、私たちが生まれる前に設定した「大いなる目的」の証であり、それを実現するツールといえるでしょう。

一般的に知られている歴史は、あくまでも時代の表舞台に立った権力者が自分に優位なかたちでまとめあげたもの。その裏には、知られざる敗者（権力者に支配された人たち）の物語があります。時代に消された者の思いがその土地に染みつき、現在暮らしている人の心身に影響を与えることが多々あるのです。

これまでにも私が全国で行ってきた神事は、土地に眠る敗者の思いを癒し、天皇家の裏に隠された民族の思いを解きほぐすことで、日本人の約８割が影響を受けている「無意識カルマ」を外すことが目的でした。

とくに心身の不調がある人やトラブルが絶えない人などは、先祖供養と土地調べをやっていただきたいと思います。

ワーク❶

先祖祈りの行い方

先祖祈りの基本的な行い方をご説明しましょう。

あなたがご縁をいただいた戸籍に記載されている名字に、先祖の思いがあらわれています。今回は「鈴木道子」という名前を例として使用します。

一．鈴木道子さん（旧姓）の場合、まずは「鈴木」という名字をいただいた鈴木一族（父親の家系）に感謝をすることが第一です。父親の父親、さらにその父親の戸籍謄本を手に入れて、さかのぼれる限界の本籍地まで調べます。

※戸籍謄本の保存期間は死後80年なので、1日でも早く入手しましょう。先祖代々のお寺がわかっている場合は、お寺に保存してある過去帳（先祖の記録）から見つけることもできます。

二．自分からさかのぼって5代目までの男系先祖が住んでいた場所がわかったら、現代の住所に置き換えて、そこへ直接足を運びましょう。

三．その住所の近くにある古い寺院を訪れて、戸籍謄本を見せて自分の親族に関係があるお寺かどうかを確認します。寺院の住職にたずねれば、お墓の場所や親族の消息がわかるかもしれません。そのあと、地元の人に親しまれている神社にも立ち寄って感謝の祈りをしましょう。その土地に住む年長者に聞き取りをしてもよいでしょう。思わぬ情報が得られるかもしれません。

四．神社のお供えものは、あら塩・水・酒のほか、現在住んでいる地域の名産品を添えると、いま住まわせていただいている土地の報告を兼ねたお礼ができるのでおすすめします。

ワーク❷

屋敷祈りの行い方

屋敷祈りの基本的な行い方をご説明しましょう。

屋敷祈りをする場合は、必ず家の名字を受け継ぐ家長（戸籍の筆頭の男性）が同席してください。家長の順番は、①父親　②長男　③母親（父親の代理）　④自分の順番です。

●用意するもの

基本的にはあら塩・水・酒で大丈夫ですが、その土地で獲れた野菜や季節の果物、海産物などを供物として供えるとよりよいでしょう。

●基本的な手順

一．道路から運気や人のご縁が入るので、出入りする場所を門ととらえて、あら塩・水・酒・供物をお盆に載せてお祀りします。お盆は、地面に置いてもけっこうです。

二．「これから屋敷に対して、お詫びと感謝の祈りをします」と心の中で宣言をして一礼します。そして、図中の①の場所に塩をまき、水をまき、酒を注いで感謝を唱えてください。順番に⑥まで同じことをくり返します。

三．図中の①から④までを終えたら、屋敷の土地すべてを守る神様に挨拶する準備が整いました。塩・水・酒・供物を境界線の⑤と⑥の前に並べて、「この土地を使わせていただけることに感謝いたします」と唱えてください。はじめて屋敷祈りを行う場合は、これまで気づかなかったお詫びとして、土下座で行うことを強くおすすめします。

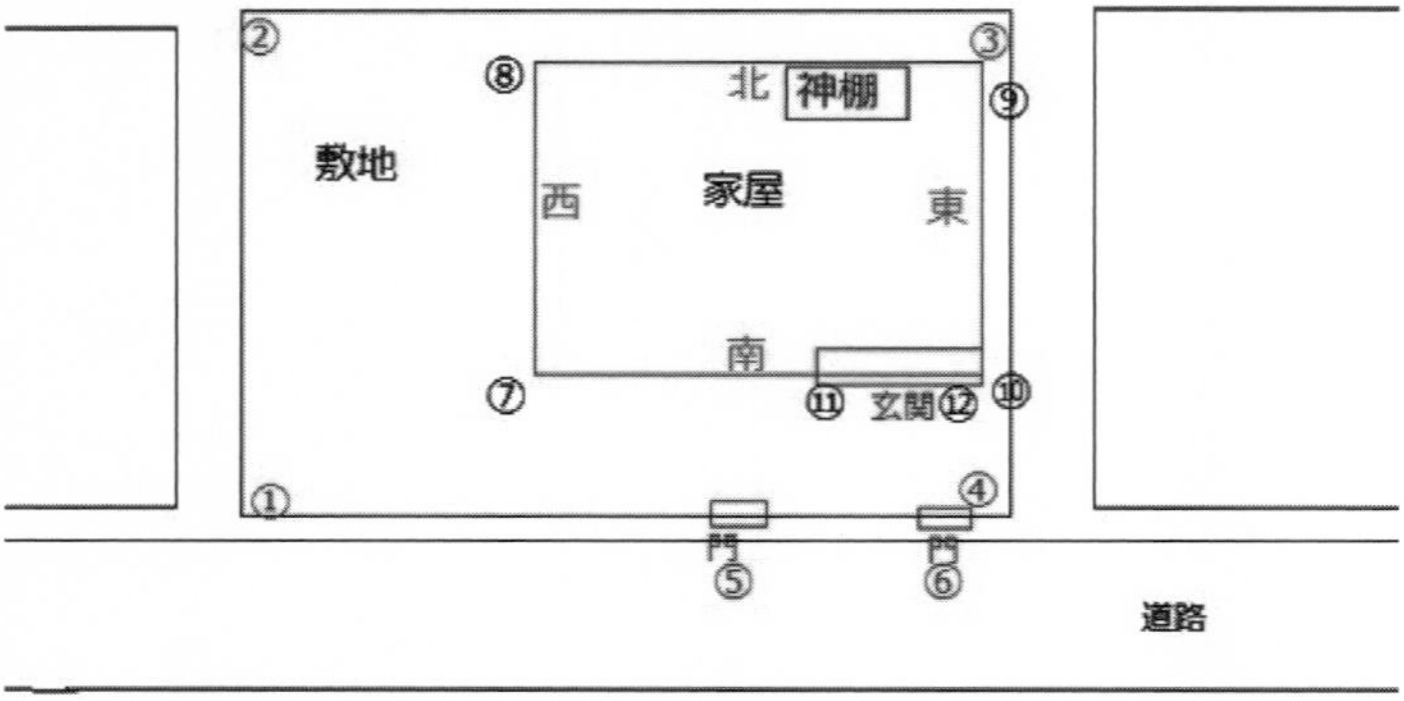

四．土地の許可をいただく祈りが終わったら、次は屋敷の中に入り、家の四隅（⑦～⑩）に塩・水・酒を同様にまきます。最後に、玄関の両側（⑪・⑫）にも同じように塩・水・酒をまいたら、「この土地と建物を使わせていただけることに感謝いたします」と唱えてください。

五．お盆に載せた塩・水・酒・供物は、いったん家の中の神棚におさめて、家を守る神様や土地の神様へ挨拶と報告をします。神棚がない場合は、東向きで半紙の上に塩・水・酒・供物を置き、家の中の神様へ報告します。

六．すべての屋敷祈りが終わったら、もっとも近い神社（氏神様）に出かけて屋敷祈りのご報告をします。いつもこの土地を守ってくださっている氏神様に対して、月に一度はお礼に詣でたいものです。

土地のリーダー・親分への信仰

人格神信仰には先祖神のほかに、集落や部族をまとめた土地のリーダー、つまり親分に対する信仰もあります。

土地の歴史を調べる際のポイントは、民衆に影響を与えた親分について正しく知ることが大切です。一般の人たちがどのように暮らしていたかを知る手立てになるからです。

土地の親分は外敵から村人を守るとともに、木の実や魚などの食べ物を村人全員に行き渡るように分配しました。稲作の時代になってからは、水の管理も親分に任されました。その采配によって米の収穫が決まったことから、それぞれの土地の親分は民衆から尊敬され、その死後、領地が見渡せる高台などに産土神《うぶすな》として祀られました。いまもその場所には石碑などが残されていることがあります。

土地の親分は民衆にとって英雄であり、神として祀られるほどの存在ですが、権力を誇った人物であれば、自らの領地を広げるために他の部族から土地を奪い、多くの人を苦しめてきたことも想像に難くありません。

そのような苦しめられた敗者の思いが、かつて土地や権力者だった人物の末裔にまで祟ることがあります。

私は全国各地の神社や聖地で神事をしていますが、その際に突然、同行者の過去世を見せられることがあります。今世では仲のよい関係であっても、互いの先祖が「潰した側」と「潰された側」であることは少なくありません。敵同士だった血筋の因縁を、ともに神事を行うことで「和合してほしい」という先祖たちの思いが、こうした状況を引き寄せるのでしょう。

これまでの人類は、勝ち負けの価値観で生きてきました。私たちの先祖も含め、敵に勝つか、負けるかという結果のみにフォーカスしてきたのです。

しかし、永遠に勝ち続ける家系や一族はありません。栄華を誇れば、いずれ衰退していくのが世の常。いまは上手に負けて生き延びる知恵が求められている時代かもしれません。

日本の歴史を振り返っても、戦いの裏側には多くの命が犠牲になっています。あなたの生まれた土地や住んでいる土地にも、戦《いくさ》などで命を落とした多くの人の思いが刻まれています。その犠牲の上に生かされている事実をしっかりと受け止めて、感謝の気持ちで手を合わせましょう。

もともと土地は、誰のものでもありませんでした。その土地に境界を張り、自分のものだと主張しはじめたのは人間です。自然界には国境すらありません。

土地だけでなく、私たちの肉体を含めた森羅万象は、神様からの尊い借り物だということを心に刻んで生きてください。

人格神には感謝の気持ちを伝える

人格神には、土地の親分と同じように、歴史上の偉人がその死後に崇められたケースもあります。

たとえば、全国の天満宮に祀られている菅原道真公。学問の神様として大変人気がある一方で、関西一円では「祟り神」としても知られている存在です。

幼少の頃より和歌や漢詩の才に優れた道真公は、政治家としても卓越した手腕を発揮し、異例の出世を果たしました。しかし、優秀すぎるあまり都を追われて不遇の死を遂げました。その怨霊を鎮めるために、北野天満宮が建立されたといわれています。

私が道真公の御魂と対話をしたところ、彼はとても純粋で真面目な性格でしたが、傷つきやすく情緒不安定な面もあったようです。道真公の死後、祈りの力が効かないほどの強い怨念となったことから、京都の陰陽師たちが動いてその思いを封印したことがわかりました。

受験シーズンになると、合格祈願のご神徳を求めて多くの参拝者が天満宮を詣でますが、人格神を祀る神社を参拝するときは礼節をわきまえ、失礼な行為がないように気を配りましょう。

参拝者の多くは、拝殿でお賽銭を投げ入れて「志望校に合格しますように」と手を合わせるわけですが、人格神にも人間と同じ感情があると考えれば、誰かも知らない相手から一方的に願いごとをされて、よい気持ちがするでしょうか。自分に立場を置き換えてみれば、すぐにわかるはずです。

人格神とはいえ、基本は「人対人の、気持ちの交流」です。神様からみれば、私たちがどのような思いで手を合わせているかは一目瞭然。ただ一方的に願いごとを押し付けるのではなく、まずは相手（人格神）のことを知ろうと努め、ご縁をいただいた感謝を伝えることが大切です。これは人間社会でのマナーと一緒なのです。

先祖神を拝むのと同じく、土地の親分や歴史上の偉人といった人格神には、お詫びと感謝をすることが基本になります。

どんな場合でも、感謝の気持ちをもってください。たとえ相手が祟り神であっても感謝をすれば祟りません。逆に、恐れると怨念は強くなります。

つらく苦しいときも「ありがとうございます」を唱えるのが、最強の祈り言葉となります。実際に、日が暮れてあたりが薄暗くなる頃、寂しい場所で何やら嫌な感じがしたら、「ありがとうございます、ありがとうございます……」と心の中で何度も唱えてみてください。フッと不安が解消されるでしょう。幼少の頃から私はいつもこの方法で危険を回避してきました。

付け加えますが、神社の鳥居をくぐるときは必ず一礼してください。帰る際にも鳥居をくぐったところで一礼します。鳥居は「聖域への門」なので、両側に門番がいらっしゃいます。その門番に対して、聖域に通していただいたことへの感謝を示すのです。

人格神信仰の中で、もう一つ特別な存在なのが戦没者・被災者です。

靖国神社や護国神社をはじめ戦没者を英霊として祀っている神社は全国各地にあります。手を合わせるとき、「さぞ悲しかったろう、寂しかったろう」「若くして命を落とすなんてかわいそうに……」といった負の感情になると、ときに霊がかかって体調を崩すこともあります。

ただ一心に、国家を守ってくれた英霊とそのご家族に対し、「ありがとうございます」と伝えましょう。それ以外の思いは必要ありません。

戦争が良い・悪いとジャッジするのではなく、「みなさまのおかげで、いまの平和な日本があります」という感謝の気持ちを示し、それを後世に伝えていくことを誓ってください。

被災者への祈りでは、「もし災害現場にいたら、自分や家族が命を落としていたかもしれない」と考えてみてください。亡くなった人の思いを背負うことが生き残った者の役目であると自覚し、「みなさまの代わりに精一杯生きていきます。どうぞ、安らかにお休みください」と手を合わせましょう。

東日本大震災の翌年、私は御霊上げの神事で東北エリアをまわりました。

浮遊している御霊が天へ上がっていく際に対話をしたのですが、すべての御霊からは「生き残った家族や仲間たちが元気で暮らしてほしい」という共通の思いが伝わってきました。

亡くなった方たちのこの思いを知れば、生き残った私たちは、どんな形で亡くなったとしても先祖たちが存在したことに感謝するしかできないのです。

第2章

天皇家が天照大神を祀る理由

人格神・自然神・宇宙神という神の概念

あなたは毎年、年末年始をどのように過ごされていますか？

クリスマスにはケーキを囲んでお祝いをし、大みそかには除夜の鐘を聞きながら年越しそばを食べ、年が明けたら最寄りの神社へ初詣に出かける……。多くの日本人が、このような宗教的行事を恒例イベントとして楽しんでいるのではないでしょうか。

人生を送るうえでも、節句や七五三は神社に参り、結婚式は教会で挙げ、葬儀は仏式といったように3つの宗教がうまく混ざり合い、暮らしの中に慣習として根づいているのが日本人独特の宗教観といえるでしょう。

私たちの住む日本は、他国と比べて宗教との付き合い方が独特なようです。他の宗教を文化として受け入れる日本人の寛容さは、とくに一神教を信仰する外国人からみれば「信じられない」「節操がない」と映るかもしれませんが、その原点には、日本古来より信仰してきた古神道・アニミズムが関係しています。

岩石や樹木、山そのもの、海そのものを崇め、自然万物のあらゆるものに神が宿ると考えてきた私たちの祖先は、「八百万《やおよろず》の神」といわれるほど多くの神々を崇拝してきました。

その原始信仰は、やがて神の託宣を受ける巫女などの登場によってシャーマニズムに進化し、先祖や土地のリーダーを信仰対象とするようになり、大陸からわたってきたブッダの教えや、イエス・キリストといった他国の教祖も自然と受け入れるに至ったのです。もともと八百万の神を信仰していた日本人にとって、神様がバラエティに富むことは自然の流れだったのかもしれません。

このように「神様」とひと口にいっても、さまざまなタイプが存在しますが、大きく分けて「人格神《じんかくしん》」「自然神《しぜんしん》」「宇宙神《うちゅうしん》」という3つの神の概念に整理することで理解が深まります。

１９９８年、「地球を救いなさい」とのお告げがあり、突然のようにヒーリング能力に目覚めた私は、それから約3年間、数百人におよぶ悩みや病気を無償のセッションで癒してきました。

その修行期間では、仕事をしてお金を稼ぐこともできず、自分の欲をすべて否定され、ただただ「人のために生きる」ことが求められました。沖縄では、神事に携わる運命を定められた人が神人《かみんちゅ》になりますが、私も彼女らと同じように神々と人のつなぎ役として選ばれ、神修行の道を歩んだのです。

修業期間が終わると、時空を超えて過去や未来を見通すことができる霊視・透視能力を授かり、２００２年には、啓示による『地球創生１０００年プロジェクト』がスタート。それと同時に「フォッサマグナが分裂し、日本列島が2つに裂ける」という大災害のビジョンを見せられました。

それまで心身にトラブルを抱える多くの人たちを癒してきた経験から、災害をはじめとする地球上の問題の多くは「人間」に原因があることを神々から知らされていたからこそ、その責任を追求されていると感じました。


スピリチュアル・カウンセラーを本業としてからは、悩めるクライアントに対し、目の前の現実的な問題に取り組む方法や、人生の喜びを見つける方法など、人格神・自然神・宇宙神というそれぞれの神の目線からアドバイスをしてきました。

人生が思い通りに行かなくなるとき、神頼みをする人も少なくないでしょう。心身が弱って何かにすがるように宗教へ入信することもあるかもしれません。そのような行為を否定するわけではありませんが、じつは神様にもさまざまなタイプやレベルがあり、必ずしも「絶対的な存在」とは限りません。

自分の生まれもった使命を果たすためには、他人との関わりが不可欠です。むしろ他人がいるからこそ、自分の願いがかなうといっても過言ではありません。私たちは人との関わりの中で多くを学び、魂を成長させていきます。

ただ神にすがるだけでは、心からの満足は得られません。喜びをもって生きていくには「自分と他人と神」という3つのバランスが重要なのです。

そのためには、人格神・自然神・宇宙神という3つの神の概念を正しく理解することが必要になります。

私は2016年、『スピリチュアル大学校』をインターネット上で開校しました。「人神学」「自然神学」「宇宙神学」「人間関係修復学」という4つのテーマを設け、精神世界の情報を学問として伝え残す活動を続けています。誰もが現実に即した幸せな未来に導かれるよう、こうして人類の進化をサポートしているのです。

それぞれのテーマについて、簡単にご説明しましょう。

■人神学《じんしんがく》

人神学では人格神、つまり人と神の概念について学びます。人格神とは、一部の先祖神や人を対象とした信仰形態を指します。

■自然神学《しぜんしんがく》

自然神学では自然神、つまり人間を包み込む山や水、風、火、大地などの自然を対象とした信仰形態について学びます。

■宇宙神学《うちゅうしんがく》

宇宙神学では人間と自然、地球のすべてを包み込む宇宙エネルギーと地球の核を対象とした神の概念について学びます。

■人間関係修復学

現実社会には、「こうあるべき論」がたくさん存在しますが、人生はそれにあてはまらない体験ばかりです。他人に理解されないこともたびたび起こります。人神学・自然神学・宇宙神学では神の視点を学びますが、ここでは人間関係が壊れる原因を探りながら、それを修復する力を養います。

2000年以上の歴史を誇る世界最古の王室

『スピリチュアル大学校』の４つのテーマの中で自然神学と宇宙神学については「超感覚の世界」ですが、人神学についてはもっとも人間に近い「人格神」を対象とするため、そのぶん私たち人間への現実的な影響も大きくなります。

第1章でも触れましたが、日本神話に登場する神々は、まさに人格をもった個性的な存在として描かれています。たとえば、自然神として信仰の対象だった太陽が天照大神となったように、自然現象を神格化して崇拝するという信仰のあり方が神道にはよく見られます。

一方で、私たちの先祖または土地のリーダーなど、実在した人物が亡くなってから神として祀られるケースも人格神に含まれます。

かつて天皇の尊称として使われてきた現人神《あらひとがみ》という言葉には、「この世に人間の姿をして現れた神様」という意味があります。つまり、天皇は「人でありながら神である」という人格神だったのです。

戦前までは天皇が政治的権力をもつことはなく、象徴的かつ宗教的な存在でした。ところが、戦争がはじまると、時の指導者によって天皇は「現人神」という崇拝の対象とされ、実質的な日本の統治体制のトップになりました。

そして敗戦後、昭和天皇は自らその神格を否定し、日本国憲法によって天皇は「日本国の象徴」と定められたのです。

このように、第二次世界大戦終結まで「神」として崇められてきた天皇は、昭和天皇の人間宣言以降もずっと「神に近い存在」として国民の尊敬を集めています。その背景には、神話の時代までさかのぼる天皇家の古い歴史があるからなのでしょう。

ご存知の通り、2019年5月1日午前0時をもって、徳仁《なるひと》天皇が即位されたことにより元号が「平成」から「令和」に変わりました。

皇居で執り行われた即位の儀式では、第126代天皇となった今上天皇に、皇位のしるしとされる「三種の神器《じんぎ》」などが引き継がれました。第3章でも詳しくご説明しますが、三種の神器とは鏡・玉・剣のことを指します。天照大神が孫神である瓊瓊杵尊《ににぎのみこと》にこれらの神器を授け、瓊瓊杵尊から初代・神武天皇に受け継がれたと『古事記』には記されています。神武天皇が即位したのは、一説によれば約2700年も前のこと。それから126代にわたり、歴代天皇は日本国の象徴であり続けてきました。

そのため、日本の皇室は世界に現存する世襲制の王室や王族のうち、最古の歴史を誇るといわれています。

日本では有史以来、男系の皇位継承が守られてきました。女性天皇も実際に存在はしましたが、自分の子どもが皇位を継ぐことのできない「中継ぎ」の役割でしかありませんでした。

要するに、天皇のお父さんの血筋をさかのぼれば、初代・神武天皇はもちろん、その先祖である天照大神や伊邪那岐神《いざなぎのかみ》までたどり着くという伝説があり、多くの日本人は心の中でずっと「天皇家＝神様」として尊んできたのです。

年始や天皇誕生日に皇居で行われる一般参賀の様子を思い浮かべてみてください。皇族の方々のお姿を目に焼き付けようと、何万人もの国民が奉迎に駆けつけます。そして、天皇をはじめ皇族の方々が宮殿のベランダに立ち、にこやかに手を振られると、みな一斉に国旗を振って感謝の気持ちを示すのです。

世論調査によれば、天皇制の存続に賛成する国民は常に８割を超えているそうです。それだけ天皇および皇室が日本にとって大事な存在だと受け止められているのでしょう。

天皇家の信仰にみる日本人の宗教観

天皇は、いつも日本国民の平和と幸福をただ一心に祈っておられます。その主要なお役目は、皇位継承とともに代々受け継がれてきました。

２０１９年５月４日に行われた即位を祝う一般参賀でも、天皇は「みなさんの健康と幸せを祈るとともに、わが国が諸外国と手を携えて、世界の平和を求めつつ、一層の発展を遂げることを願っております」とご挨拶をされています。

先にも触れましたが、日本人の根底には自然信仰・アニミズムが息づいています。それは「自然の恵みによって生かされている」という感謝の気持ちが、自然そのものを神として崇める古神道の宗教観とつながったからです。

言うまでもなく、天皇家と神道は非常に深い関係にあります。

日本国憲法には、代々皇室で行われている宮中祭祀についての明文がなく、あくまでも「天皇の私的儀式」という位置付けになっていますが、現在でも皇居内の宮中三殿には、天照大神をはじめとする神々が祀られ、さまざまな祭祀や儀式が執り行われています。

新天皇即位後に行われる大嘗祭《だいじょうさい》、収穫に感謝する新嘗祭《にいなめさい》、元旦に行われる四方拝《しほうはい》などでは、天皇が祭司となって五穀豊穣や国民・国家の幸福を祈願されるのです。
日本古来の宗教である神道に関して、天皇は「神のお告げを聞く神主の最高責任者」です。日本国民一人ひとりの潜在意識には、いまも天皇が「神に近い存在」として位置づけられているのです。

2000年以上も前から、日本人の中には国の象徴としての天皇という存在があり、同時に、神道という宗教が根付いています。そういった背景により、わが国の歴史や伝統、文化が脈々と受け継がれてきました。

日本の古代史をいまに伝える『古事記』と『日本書紀』は、併せて「記紀」と呼ばれています。両書とも奈良時代に天武天皇が編纂したものですが、なぜ2冊の歴史書が同時期につくられたのか。私の神事によれば、天皇の命により2名が制作を請け負いました。天武天皇はそのどちらかを採用する予定でしたが、結果的に2冊とも現代まで読み継がれています。いずれも国史の保護を目的としてつくられ、神代（神話的要素）と人代（歴史的要素）で構成されていますが、その内容には大きな違いがあります。

上・中・下の3巻から成る『古事記』は、学者の口述により4カ月ほどの短期間で仕上げたといわれています。世界や日本の成り立ち、神々の出現やそのエピソードが物語調で記されています。

それに対して全30巻から成る『日本書紀』は、完成までに約39年の月日を要しました。神代から持統天皇までの皇位継承について年代順に記され、歴代天皇の業績も詳しく紹介されています。

『古事記』は物語調で、『日本書紀』は歴史の記録という表現の違いはありますが、いずれの書物も天皇という存在を神格化し、天皇家が（実権はともかく形式上）日本の頂点に君臨する正当性をアピールすることが目的でした。

世界各地で数々の神話が語り継がれていますが、神話の時代から現代まで血筋がつながる王室・王族など天皇家を置いて他にないでしょう。しかも、ただ家系が続いているというだけでなく、万世一系の皇統、１２６代の男系による継承が保たれてきたことは特筆すべき点です。

日本の歴史を振り返ると、意外にも天皇が国の実権を握っていたことはほとんどありません。それぞれの時代で将軍や政治家など誰もが認める権力者はあらわれましたが、誰が天下を取ったとしても、天皇家・皇室を滅ぼそうとはしませんでした。

日本が占領統治下にあった戦後すぐの時代でも、ＧＨＱおよびマッカーサーは天皇制を廃止しなかったのです。

他国の歴史に目を向けると、権勢を振るい栄華を極めた権力者の家系は、たいがい廃絶の憂き目に遭っています。

たとえば中国などは、一般的に４０００年の歴史などといわれますが、実際には内戦と占領がくり返され、国土のかなりの部分を他国に支配されてきた歴史があります。

日本の歴史を振り返っても、時の権力者が新しい天皇になることはできたはずです。しかし、誰も葬ろうとしなかったのは、天皇家がいかに尊く偉大な存在だったかを物語っているでしょう。世界最古の王族として２０００年以上も存続している天皇家は、日本の歴史の奇跡といわざるを得ません。

天皇は、古来「神のような存在」として見られてきました。「神（かみ）」という漢字は、「示す・申す」と書きます。つまり、神とは「道を指し示す存在」という意味があるのです。神の思いを体現している天皇が、健康で心安らかに過ごすことのできる世の中は安泰である。そういった考えが古くから日本の民に浸透していました。

ところが、病気や飢饉などが蔓延するようになると、天皇の存在だけで民衆をまとめることが難しくなりました。そこで、当時の国の指導者たちは土着の神道が存在するところに外来の宗教である仏教を取り入れて、国をおさめようとしたのです。

そして、6世紀半ばに仏教が伝来し、まずは朝廷や貴族層に受け入れられました。それまでは神道の祭祀を行ってきた天皇家でも、仏式による葬儀などを取り入れるようになったのです。

続いて、苦しい生活から救われたいと願う庶民層にも仏教が広く普及しました。神道の信仰世界の中に仏教をうまく取り込むことで、8世紀には神仏習合が形成されました。

このように仏教が日本で急速に広まった背景には、天皇（人神）の力が弱まったことで、国をおさめるために仏の力を利用したという事情があったのです。

多人種の混血体が日本人のルーツ

ところで、現存する世界最古の王朝であり、神話をバックボーンとした万世一系の血筋をもつ天皇家について、あなたはどれほどの理解をされていますか？　わかっているようでわからない、というのが正直なところではないでしょうか。

日本国憲法第１条では、天皇を、日本国および日本国民統合の象徴として「存続してよい」という支持により、主権者である国民の総意が定められています。

つまり、天皇の地位については、象徴（イメージや印象）以外の役割をもたないことが強調されているのです。そのため、戦中や戦前の頃のように天皇が政治的影響力をもつことはありません。

天皇制を語るうえで私が重視しているのは、「日本人の精神性」です。なぜなら、その根っこには古代日本に世界中から集まってきた渡来系民族の思いが込められているからです。

あらゆる民族が戦わずして一つの国家にまとまるためには、権力や神の概念の統一が必要でした。そのための思想教育の柱として天皇制が誕生したのです。

それでは、「世界中から集まってきた渡来系民族が日本人の祖先なのか？」ということですが、この質問に対して単純明快に答えるとすれば「イエス」です。

正確にいえば、何万年も前に北や南、西や東からこの地へやってきて根を下ろした原始民族である先住民に対して、のちに渡来した民族が戦いをしかけて征服したり、あるいは婚姻するなどの度重なる交流を経て、民族の混血体となったのが「日本人」なのです。

このように私たちの民族ルーツは非常に多様性に富んでいて、純粋な日本人などいないことを理解しなければなりません。近年、ＤＮＡ鑑定の最高レベルの技術が進み、世界各地の民族のＤＮＡを鑑定した結果が公開されましたが、これは一国の人種にも多くの血が混じり合っていることを裏付けています。

約2万年前の氷河期の終わり頃、大陸プレートに亀裂が生じて中国大陸から分離し、海面上昇によって島国となった日本列島全体には、当初アイヌ民族が住んでいました。続いて、温暖な気候を求めて大陸から多くの集団が船でこの列島にやってきました。彼らによって生まれたのが、縄文文化です。

時を経て、稲作と鋳造の技術をもった集団が日本各地に住み着き、やがて「豪族」と呼ばれる土地の権力者になりました。それが先住民を支配していた土地の親分・リーダーにあたります。

彼らはおもに中国大陸から朝鮮半島を経由して九州北部にやってきましたが、ほかにもロシア、インド、イスラエル（ユダヤ）からも来ています。先住民の代表であるアイヌ民族でさえ、ルーツをさかのぼれば渡来人なのです。

渡来系民族の数はどんどん増えていき、九州から四国、西日本まで勢力を拡大しました。その一部は沖縄の島々に南下しています。

やがて九州北部の渡来人は近畿地方まで進出して、大和王朝を建国しました。この大和王朝（もと伊勢系・百済系）の民は、各地の豪族を制圧しながら弥生文化および古墳文化の礎を築いていきました。

このような経緯から、私たち日本人は多種多様な血統が混ざり合っているわけですが、じつは天皇家もその例外ではありません。

私の知人が、かつて秋篠宮皇嗣殿下《あきしのみやこうしでんか》にお会いした際、天皇家のルーツについて直接おたずねしたことがあります。

すると、秋篠宮様は「私たち天皇家は、百済《くだら》から来たと聞いております」とお答えになられたそうです。皇族の方々は、宮内庁から「天皇家のルーツは百済である」との教育を受けられているのでしょう。

しかし実際は、そのような単純な血筋だけではありません。私の神事によれば、のちに天皇家となる一団が九州から船で大阪に入り、現在の住吉の地にお宮を建てました。そして、あちらこちらに遷宮されたのち、長い時代を京都で過ごしたという流れがわかっています。

記紀にもある通り、もともと天皇家は九州からはじまっています。列島各地に散らばっていた豪族を次々と服従させ、国家統一の礎をつくった大和民族が天皇家のルーツであり、さらに血統をさかのぼれば、大和民族のルーツは中国・朝鮮・台湾などに行き着きます。

天皇家の血筋3つのラインと秦氏との関係

縄文時代後期から弥生時代にかけて、九州北部には中国大陸や朝鮮半島から戦いに敗れて逃げてきた渡来系民族が次々と押し寄せてきました。稲作に適した気候と豊かな水源、温和で礼儀正しい民という日本の噂を聞きつけ、安住の地を求めて決死の覚悟でやってくるのです。

彼らは、移動した先に定住している豪族（渡来人）との融和をはかり、その妻や娘と婚姻を結ぶことで王国を形成。当時の熊本から九州北部にかけての一帯には、倭国《わこく》・奴国《ぬこく》・狗奴国《くぬこく》・邪馬台国《やまたいこく》・出雲国《いずもこく》などの小国が十数カ国もひしめきあい、覇権争いをくり広げていました。それ以前の時代は、部族や豪族たちがそれぞれに住んでいる土地で好き勝手なことをやっていたのです。

ある歴史書によれば、奈良時代になり、秦氏《はたうじ》と呼ばれる一族が朝鮮半島から九州北部に渡ってきたと記されています。しかし、私の神事によれば、秦氏は大きく３つの時代に分かれて数万人規模で渡来しています。

第1弾は、紀元前２２1年に中国を統一した秦《しん》から、始皇帝に命じられてやってきました。その目的は、日本を中国の支配下にすることでした。

九州北部に上陸した秦氏たちは、地元の豪族と融合をはかるために蚕や陶芸の技術、食物の種、稲作や灌漑用水のための土木工事など、あらゆる知恵と技術を先住民に授けました。その後、彼らは九州から北上し、中国・四国地方、関西地方、近畿地方、関東地方、東北地方へと勢力を広め、それによって弥生時代の文化は急速に進んだのです。

それからかなり時が経ち、朝鮮半島から第2弾、第3弾としてやってきた秦氏の一団は、最初にやってきた秦氏との戦いを避けながら、日本列島の各地に散らばりました。歴史的には同じ「秦氏」として見られますが、上陸した時期によって秦氏の思いはまったく異なります。

このように秦氏は３つの時代に分かれて日本へやってきました。もととなった民族も、それぞれ中国系（第1弾）、新羅系（第2弾）、百済系（第3弾）に分かれます。

最初にやってきた中国系秦氏は、日本を侵略しようとしたわけではなく、日本を中国の一部にすることが目的でした。そのため、自分たちがもっている知恵と技術を先住民に余すところなく伝えたのです。

その後、朝鮮半島からやってきた第2弾と第3弾の秦氏は、朝鮮半島で起きた百済・新羅・高句麗の戦いに大きく影響を受けていたため、「日本列島に自分たちの新しい王朝を打ち立てる」との思いが強くありました。

このように中国系・新羅系・百済系とルーツが分かれる秦氏ですが、なかでも天皇家に深く関わっているのが新羅系の秦氏です。前述したように、宮内庁は皇族の方々に対して「天皇家のルーツは百済である」と教育をされているようですが、実際は、新羅が天皇家の最初のルーツなのです。

隋《ずい》が中国全土を統一した6世紀末に、朝鮮半島を支配していたのは高句麗でした。高句麗の民族が領地を守ることのできた理由は、険しい山々に囲まれていたので鉄を産出し、鋳造技術にも優れていたからでした。農具をはじめ、武器や武具にその技術を生かし、近隣諸国にもそれらを提供することで無駄な戦いを避けてきたのです。

このように高句麗の民は、経済的にも武力的にも優れていました。高句麗との戦いに敗れた国の民たちは、朝鮮半島の南端に逃れ、小さな領地ながらも百済・新羅・伽耶の三国を構えました（マップ①）。

高句麗は、朝鮮南方の三国よりも常に隋（中国）の動きを気にしていたため、最前線を西側に配置していました。

新羅と百済は隣国同士で和平交渉をしたり、裏切ったりと小さな戦いをくり返しながら高句麗の領地を奪うかたちで徐々に領地が変わっていきました。

とくに百済は、高句麗の鋳造技術職人を取り込み、農作業用の鉄器や武器をつくらせながら領域を徐々に拡大し、４世紀になると、朝鮮半島の半分くらいを百済が制圧（マップ②）。次第に新羅との和平交渉を裏切る出来事がくり返されました。

当時の国同士の和平交渉では、王様の娘を敵

マップ①

マップ②

国の嫁に出すのが常識でしたが、百済は、新羅からやってきた嫁を無視し、新羅に幾度も攻撃をしかけたのです。

このことを知った当時の新羅王は、百済王に文を何度も送り、戦わずに解決する方法を模索しました。

しかし、一向に変わる気配がないため、この裏切り行為を高句麗王に訴えて、背後からの援助を依頼しました。このやり取りが成立した理由は、高句麗も新羅と同様に、王の娘を敵国へ嫁がせていたからです。

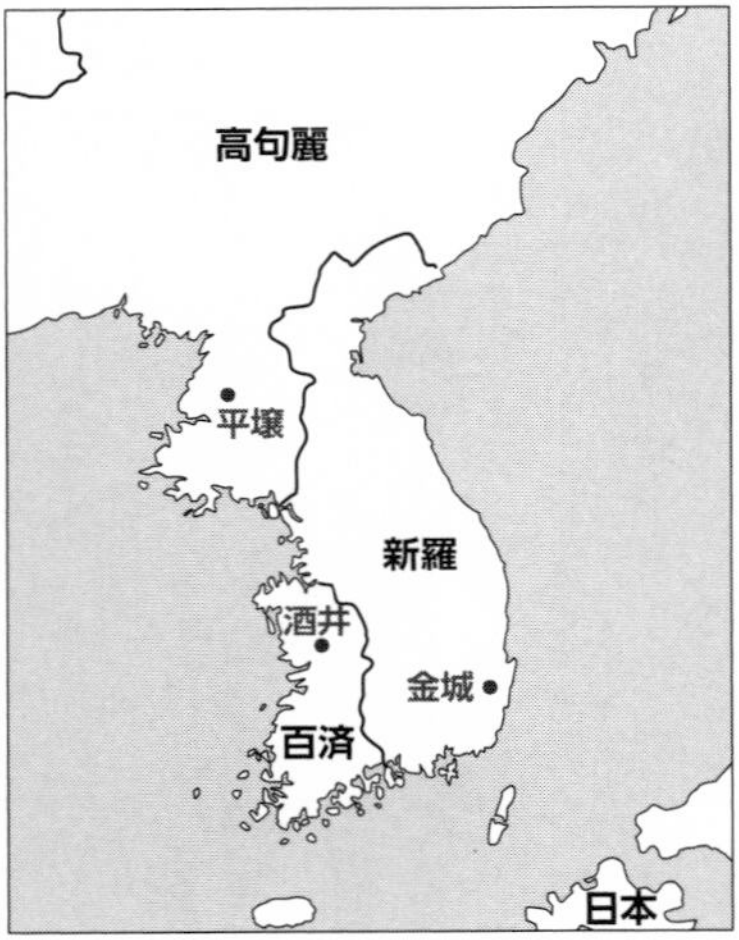

マップ③

6世紀後半から7世紀にかけてこの戦いは続きました。4世紀には（マップ②の時点で）、国の領土としては百済のほうがは3～4倍大きかったにもかかわらず、高句麗との親交を深めた新羅が戦いを勝利し、朝鮮半島の多くを自国の領地にしていったのです（マップ③）。

この時代の新羅と百済は、ともに対岸の倭国（のちの大和王朝）と和合を結ぶことで、背後から責められることを防ぎました。

奈良県には、新羅村と百済村が実在したという記録が見つかっています。朝鮮半島の勢力図と同様に、奈良県でも、百済は新羅に従うしかない上下関係が続いていたのです。

ちなみに、伝承の記録によれば、新羅の祖は神武天皇の父親である鵜草葺不合命《うがやふきあえずのみこと》の子で、神武天皇の兄でもある稲飯命《いないのみこと》だとされています。

そして、中国から逃れるように第２弾、第３弾として日本にやってきた秦氏たちは、先住民を取り込み、列島各地に大小さまざまな国をつくりながら互いを牽制しあって生き延びていました。のちに倭国大乱が起こり、少しずつ小国は統合され、いまの日本の前身となりました。

同じ時代に、新羅王の祖とされる稲飯命を兄にもつ神武天皇とその一団が日向国（現在の宮崎県）から九州北部に進み、東征したという話もあります。

神の概念で多民族を一つにまとめた天皇家

日本には、国家を統一して存続させるために、多くの異なる価値観を受け入れてきたという歴史があり、それは八百万の神を信仰する「日本人の精神性」にも影響を与えています。

また、日本の象徴として存在している天皇は、皇居内の神殿において、この国と国民の平和を祈る祭事を執り行っています。祈ることが、皇室の大切のお役目の一つだからです。天皇は神道の最高神官といわれますが、そのような概念も「日本人の精神性」を示す要素なのでしょう。

仏教やキリスト教、あらゆる新興宗教を含めた異質な信仰形態も、そのすべてを認めて受け入れ、習合してきた歴史があります。だからこそ、世界に類をみない「愛の心」「和の心」を日本人はもっているのです。


皇室には世継ぎ（男の子）問題がありますが、命をつなぐために男の子が生まれる意味も「日本人の精神性」に大きく関わっています。

男の子を生むということは神代での「世継ぎ」を意味します。民族の血をつなぎ、家を繁栄させる大切な証となるのです。

戦いの歴史の中でも、一国の王様が自らの妻や娘を敵国に差し出し、相手の一族と混血化することで和合を成立させるケースが多く見られます。この方法であれば、双方が滅びずに済むからです。

子どもの誕生には、それぞれの民族を統合して発展させるという意味があります。実際にも、そういった戦略により、私たち日本人には多くの民族の血が混ざりました。子どもは国の宝、万人の宝。「地球人類はみな家族」という視点に立てば、現在世界中で起きている国や民族の争いがいかに無意味なことか気づかされるでしょう。

天皇は日本における最高の神官

和合とは、「日本人の精神性」をあらわす言葉そのものです。

天土地の親分・リーダーを神として祀る人格神信仰については第1章でご説明しました。天皇家の先祖は渡来系民族でしたが、彼らは土着の先住民を束ね、多くの部族や豪族から支えられ、神として崇められるほどの強い権力者となりました。

記紀によれば、天皇の血筋は神代までさかのぼります。

天と地が分かれ、まだ混沌とした状態の日本列島に天から降り立った伊邪那岐神《いざなぎのかみ》と伊邪那美神《いざなみのかみ》。この男女2柱があらゆる自然現象を生み出す中で、太陽神・天照大神が誕生しました。

そして、天照大神の第5世代目の子孫として登場するのが、初代・神武天皇です。生まれ育った九州で啓示を受けたのち、神武東征によって橿原《かしはら》の地（奈良県）にお宮を建立。『日本書紀』の記述によれば西暦紀元前６６０年、初代天皇に即位します。

こうして日本の天皇制がスタートし、いまも天皇は天照大神の正統な血をひく一族として現代まで続いているのです。

天皇は、神道の最高神官として日本を守るお役目があります。

数ある宮中祭祀の中でもっとも重要視されている「四方拝」は、毎年元旦の早朝に行われる儀式です。天皇お一人が厳しい寒さの中で厳粛に営まれ、代理人が祭祀することは認められていません。

他にも、天皇が行うご公務としての祭祀や行事は、年間数百件にのぼるといわれ、そのたびに国家と国民の安寧を祈ってくださっています。

戦後になり、神道にまつわる祭祀は「天皇家の私的行為」と位置づけられましたが、天皇が祈り続けておられる理由は、国家統一の際の「神（宇宙の創造主・マスター）との契約」を守るためなのです。

私は約15年間、神の導きにより全国各地で「地球創生神事」を行ってきましたが、とくに扱いが難しかったのは、天皇家に関わる内容でした。生まれもった特殊な体質の私は、時空を超えて歴代天皇やその関係者などの見えない存在と対話することができます。そのため、神事を行う中で天皇家のルーツ（＝日本人のルーツ）に関わる隠された事実をいくつも知ることになったのです。

私たち日本人が国史として知っている『古事記』や『日本書記』の内容は、古代の日本で勢力を拡大し、天皇家の祖となった渡来系民族に都合よくまとめられ、ときには書き換えられています。

そのすべては勝者の言い分であり、彼らに征服された敗者の思いは描かれていません。記紀には敗者の存在を歴史から消すという意図があるため、書かれた内容をそのまま鵜呑みにするわけにはいかないのです。

言うなれば、『古事記』『日本書記』は皇統の正統性を強調する内容に編纂されています。天皇を神格化することで、権力や神の概念を統一するという本来の目的があったのです。国史として正しいかどうかよりも、勝者と敗者の立場によって物事のとらえ方が違うとご理解ください。

長年にわたる神事で、歴代天皇はもちろん、天皇家を支えてきた多くの方々と私は対話を重ねてきました。それによって知り得た「隠された事実」を表に出すことは、多くの日本人の「無意識カルマ」が外れることにもつながります。カルマの封印を解くためには、どのような驚くべき事実に触れたとしても、すべてを深い愛で受け止めることが必要です。

これからお伝えしていく内容は、鏡族・倭姫《やまとひめ》・卑弥呼と呼ばれた大巫女《おおみこ》たちによって密かに守り継がれてきた日本の「裏の歴史」です。

私は子どもの頃から、なぜか学校で教わる日本の歴史に強い拒否感を覚えていました。それは感覚的に「真実ではない」ことがわかっていたからでしょう。作為的な歴史に興味のない私だからこそ、御霊の思いに耳を傾けることができるのだと思います。

神事によって解き明かされた「裏の歴史」

天皇家を男系男子が継承してこられたのは、母である女性たちの働きがあったからです。この部分の歴史はいっさい語られてきませんでした。

私は神事を続ける中で、母神信仰のルーツでもある日本の「裏の歴史」をたどり、真実を追求してきました。記紀に記された「表の歴史」は、時の権力者が多民族を一つにまとめるためにつくりました。部族や豪族間の争いも、男性的な勢力図にもとづいて勝者の視点で描かれています。

かたや「裏の歴史」には、この国の女性たちがあらゆるものを受け入れ、和合してきた経緯があります。神との契約でつくられた日本にとって、渡来してきた巫女《みこ》たちの存在は、天皇が神官としての霊的役割を果たすうえで大きく貢献しました。

彼女たちは、宇宙の創造主・マスターの神力をこの世に降ろし、命のつながりとしての神意識を成就させるために日本へやってきました。

神事の中で痛いほど伝わってきたのが、どんなことがあろうと、たとえ身を削ることになっても「マスターの思いをこの地に降ろす」ことを徹底して行ってきた巫女の信念です。それは「母性」と言い換えてもよいでしょう。天皇家の歴史の裏には、このような女性たちの熱い思いがあるのです。

地球創生神事では、このような巫女の思いをくみ取り、ときにはお詫びをし、ときには感謝しながら対話をしていきます。そこで解き明かされた「裏の歴史」について、興味本位に謎解きをしても何の意味もありません。愛と調和で受け止めることが重要なのです。

真実を知ることによって一人ひとりの中の「無意識カルマ」が動き出すため、これまでは情報の扱いについて慎重にならざるを得ませんでした。神々からも「人々のあいだに争いや混乱が生じるようであれば、いっさいの情報を表に出してはならない」といわれてきました。

しかし、すべての神事を終えて、日本人の「無意識カルマ」はほぼ整えられました。そして、ようやく天皇家の存在意義とその血筋にまつわる情報を公開できるタイミングがきたのです。あなたが真実を知ったとしても、「無意識カルマ」はすでに解消されているので、意識の混乱を起こすことはありません。

天照大神は古代エジプトからもたらされた

天皇家の祖霊神は、天照大神です。

先祖をさかのぼれば神話の神様にたどり着き、その血統を脈々と受け継いできた歴代天皇は、人間として生まれながらも「神様に近い存在」として扱われてきました。そのため、伊勢神宮では皇族専用の参道が設けられ、一部の神職を除いて天皇だけが入ることのできる神域も存在します。

天照大神は、もともと自然神としての信仰対象だった太陽が人格神になったもの。日本の神話に登場する八百万の神の主神（最高神）といえる存在です。

ところで、天照大神とは「人」でしょうか？「神」でしょうか？

この疑問に対してはっきりいえることは、「人」ではありません。天照大神とは、エジプトの太陽神信仰・ラー族を起源とする神の概念です。古代エジプト時代に霊力をもった女性たち（巫女）が日本まで運んできました。

約６０００年前、地球の西側からはじまったエジプト文明では、太陽を拝む信仰体系が起こりました。そして、長い年月をかけて民族が東へ移動する中で、最終目的地として日本へ到着。渡来系の巫女たちによって日本の先住民に太陽信仰が伝えられ、いつしか「天照大神」という呼び名に変わったのです。

こうして東の果ての国まで天照大神を運んできた巫女たちには、命のつながりとしての「神の概念」を世界に広める役目がありました。それが宇宙の創造主の思いを成就することにつながるからです。

中国から渡来した卑弥呼と邪馬台国の誕生

この巫女たちと同じ役目をもった存在が、中国の正史『魏志倭人伝《ぎしわじんでん》』三国志の東夷伝倭人条に登場する女王・卑弥呼《ひみこ》でした。類まれな能力を備えた偉人でありながら、日本の歴史書にはいっさいの記載がないという非常に魅力的で謎めいた人物です。

卑弥呼がおさめていた邪馬台国《やまたいこく》は、一説には九州にあったと伝えられていますが、いまだ特定には至っていません。私が神事の中で卑弥呼の魂と直接対話をしてわかったことですが、卑弥呼は当時、中国大陸にあった国の王様の命令で渡来してきたようです。

いまから2000年ほど前のこと、卑弥呼は中国大陸のある村落に生まれました。地元では、遊び感覚で津波や地震などの天災を完全に予知するという、とてつもない天童として知られていました。それが口伝いに広がり、当時の王様の知るところとなります。

王様は、かつて2回ほど倭国（日本）侵略を試みましたが、自然の神々の力に跳ね返されて失敗に終わりました。そこで、天災を予知する少女だった卑弥呼を呼び出し、「その能力で倭国（日本）をおさめよ」と命令したのです。

王様は、軍部の武力と卑弥呼の神力を合わせれば倭国を支配できると考えました。卑弥呼は嫌々ながらも王の命に従い、一団を率いて九州に向かったのです。

その道中、卑弥呼に突然、神の啓示が降りました。それが、西からやってきた巫女たちと同じ役目である「マスターの思いを成就させる」ということだったのです。

卑弥呼の目的は、王様の命令である「日本を支配する」ことから、「この国のどこかにある、太陽神の光を天につなぐための祈りの場所を探す」ことに変更されました。

神が降りる祈りの場所を探すことは、中国の王様に知られることなく履行しなければなりません。卑弥呼は、日本を支配するためには先住民と交渉しなければならず、それには時間がかかることを本国に報告しました。そうして時間を稼ぎつつ、九州・四国・中国地方を転々と移り住みながら祈りの場所を探してまわりました。定住した先々には「卑弥呼伝説」がいまも残っていて、「邪馬台国はどこにあったか？」という論争が起きているのです。

卑弥呼の一団は、とくに九州北部には永く根を降ろしました。当時の九州北部は十数カ国もの小さな国がひしめき、武力を振りかざしながら互いにけん制し合っている状態でした。土地の権力者たちはそれぞれに自己主張し、まとまりがなく、勝手なことをやっていたのです。

そこに渡来人として入ってきた卑弥呼の一団に対して、支配されないように戦いをしかけてくる国もありましたが、卑弥呼の目的は他国を武力で制圧することではありませんでした。大陸からの知恵や技術を先住民に授けながら、小さな国の親分たちと根気強く交渉を重ね、ときには権力者に巫女仲間を嫁がせて家同士を結びながら小国を束ねる、これが邪馬台国です。

別ルートから九州にやってきた渡来系巫女たちも邪馬台国に加わり、この地と天をつなぐための巫女の大集団が生まれました。

卑弥呼と出雲族との関係

九州の地に残る「天孫降臨」の神話こそ、卑弥呼を中心とする巫女集団が降ろした太陽神そのものですが、この神事に手を貸したのは、当時の九州で勢力を拡大していた出雲族でした。出雲族はその名から出雲国に住む一族と考えられていますが、もともとは九州に小国を築いた渡来系民族でした。のちに出雲へ移動し、四国、近畿、東海、関東にも分布していきました。卑弥呼がおさめる邪馬台国は、こうして国家統一をたくらむ出雲族に取り込まれていったのです。

ここで邪馬台国と出雲族の関係を見てみましょう。

九州の地で絶大な権力があった出雲族は、国家統一を目指して領土を拡大していきましたが、彼らが武力で制圧できなかったのが、卑弥呼がおさめる邪馬台国でした。そこで邪馬台国の巫女たちと交わり、家同士のつながりをもつことで、邪馬台国の祈りの力をうまく吸収することに成功しました。武力による制圧ではなく、権力者（父）と巫女（母）とのあいだに子どもをつくることで、宇宙の創造主である天と直接つながる血筋を手に入れたのです。

卑弥呼を吸収した出雲族は、さらに国家統一の礎となった大和民族（もとの伊勢族、百済族）に吸収され、突然のように歴史の表舞台から消えました。

天皇の皇位は約２７００年にわたり男系男子によって継承されてきましたが、こうして卑弥呼一族と血縁を結んだことで子どもに神力が宿り、天照大神の祭祀王として天皇が誕生しました。

天皇家が天照大神を祀る理由

天皇家が天照大神を祀る背景には、生んでくれた「母」に対する感謝の思いが含まれています。天皇家の重要な儀式では、鏡・勾玉・剣といった三種の神器を用いますが、剣が象徴する権力者（父）と、鏡で神を降ろす巫女（母）が交わり、その混血の証となる勾玉（陰陽）＝命が生まれます。

それぞれの部族や豪族がご神体として祀ってきた神力を一つに合わせる神事だからこそ、3つの神器が一カ所に揃うことで天照大神本来の神力が働くという考え方が根底にあるのです。

さらにいえば、宇宙の創造主から神力を降ろす天孫降臨神事の中心となったのが、「宇宙神につながる12柱」と呼ばれる12名の巫女たち。私は、彼女たちのことを「大巫女」と呼んでいます。

こうして大巫女が西から運んできた太陽神は、天皇家にとっての命の大元、天照大神という祖霊神になりました。

天孫降臨のあと、一部の大巫女はさらなる祈り場所を求め、相当な時間をかけて四国を経て関西へと移動しました。この大巫女たちは、のちに倭姫《やまとひめ》とも呼ばれます。

この時代、倭国（日本）制圧を目論む数多くの渡来系民族が日本列島にやってきていました。大巫女を中心とする巫女集団は、九州でもそうしたように、武力を振りかざしてくる相手に対して巫女を差し出しながら、命がけで「大いなる目的」を果たそうとしたのです。しばらくのあいだ一部の巫女集団は四国にも定住していましたが、この地には、はるか昔に南方から渡来してきた別の巫女集団が住んでいました。そして交流した際に、互いの目的が同じであるとわかったのです。

彼女たちは、四国をまとめていた豪族の親分を祈りの力で支えていました。その強い神力をもつ権力者こそ、須佐之男命《すさのおのみこと》だったのです。彼は、武力と神力が一致した希にみる逸材でした。

天皇家のルーツ「沖縄からの母の血筋」

九州で出雲族が勢力を振るっていた頃のことは、どの記録にも残っていません。天皇家の血筋には３つのルートがあり、そのうちの男系として「新羅系」と「百済系」があることはすでに述べました。私の神事によれば、これに母系として沖縄からの血筋が加わります。この母系血筋こそが天皇家の神力に大きく関与しているのですが、その事実は歴史から消されています。

約6000年前から2000年前にかけて、まだ狩猟採集が中心だった縄文時代の日本列島に「神の概念」を伝えるため、渡来系の巫女たちが船に乗ってやってきました。ヨーロッパを出発して南洋の国々をまわり、沖縄を経由して九州へやってきたのです。

それは簡単な旅ではありませんでした。航海のさなか、あるいは日本列島にたどり着いたあとにさまざまな理由から多くの巫女が命を落としています。

巫女たちは、太平洋側と日本海側の2ルートに分かれて、縄文時代初期の頃に日本列島へ上陸。祈りという概念がなかった縄文人に、手を合わせて感謝することを教えたのです。行く先々で部族の親分に従い、その配下となりながら、巫女たちは自らの役目を果たすために必死で生き抜きました。このとき、九州北部から日本海ルートを通って常神半島（福井県）・琵琶湖周辺（滋賀県）などに定住した巫女たちのことを「鏡族」と呼びました。また太平洋ルートを通って沖縄・奄美諸島・鹿児島・四国・関東の東側（香取神宮、鹿島神宮、息栖神社のあるエリア）に定住した巫女たちのことを「安房《あわ》族」と呼びました。

ちなみに、太陽や月の光を鏡に写すことで神力を得ていた「鏡族」には、邪馬台国の女王・卑弥呼とその巫女たちも含まれます。

このように呼び名は違っても、宇宙の創造主がもつ神力を東の果ての国まで運び、いま居る場所から天につないで神の願いを成就させるという壮大な目的は同じでした。

この時期に日本へやってきたのが、宇宙の知恵を降ろすという12名のシュメール神官。メソポタミア文明の時代、ヨーロッパでは次々と国が興り、他国を侵略しようとする男たちの激しい戦いがはじまりました。そして多くの民が難民となる中、12名のシュメール神官は、巫女と同じく「神の概念」を広めるために東へ向けて航海に出たのです（※シュメールの神官については第４章で詳しくご説明します）。

宮古島―沖縄本島―出雲―伊勢の母系ライン

ところで、神が宿る島と呼ばれる沖縄県の宮古島には、世界で３カ所しかないといわれる「上昇エネルギーのスポット」があります。それが個人宅の庭だというから驚きでしょう。

家主の新城定吉さんが一人で築きあげた石庭《いしにわ》がそれです。

２０１５年12月、94歳で他界された新城さんですが、彼は「自分の体にして自分の体にあらず」と悟りながら、天啓を受けて庭に埋まった巨石を人力のみで掘り出し、30年の歳月をかけて石庭を一人で完成させました。

その果てしない作業を続ける中で、意識は常に神とともにあった新城さん。何度も夢に見せられたという天照大神の思いをつなぐ神事について、私が会いに行くたびにその話をしてくださいました。

ところが、新城さんはその神事について神々に反発したそうで、「わしにはできん。そんなことをしたら命がいくつあっても足らん」と無念な思いも同時に伝えてこられたのです。

神から降ろされた啓示は、新城さんができなければ、誰かが継がなければなりません。太古の宮古島からつながる大巫女の思いを出雲、そして伊勢へとつなぐ天照大神神事。私は身が引

新城定吉さんの家の石庭（沖縄県宮古島）

き締まる思いでこれを自分が背負うと決意し、新城さんにそう伝えました。

新城さんは、ただ私を見つめ「そうか、そうか」と嬉しそうな顔を見せてくださいました。

2008年10月、私は天照大神を運んできた大巫女と「沖縄からの母の血筋」に関するつながりを改めて確認し、宮古島―沖縄本島―出雲―伊勢という母系のラインを復活させるための神事を各地で行いました。こうして天皇家を陰で守り支えている女性たちの思いが一本につながったのです。

神事の過程では、出雲の神官たちの協力を得て、これまでずっと出雲大社が守ってきた勾玉の保管場所を特定しました。天照大神神事によってその勾玉のエネルギーを伊勢へとつなぐと、歴史上で消されていた敗者の思いのすべてをおさめることができたのです。

ヨーロッパからやってきた船団、物部一族

弥生時代になって渡来系の流れが一気に加速し、大勢の民が海を渡ってやってくるようになりました。日本列島の人口が急激に増えたことで、水耕による稲作もはじまったのです。

次々と小国が興り、部族や豪族による領土争いも激しくなりましたが、その裏では、巫女による呪詛《じゅそ》で相手の王様の神力を奪い取るという作戦もありました。

巫女たちは、それで男たちの争いがおさまることを願い、すべての依頼を引き受けました。命がけの呪詛はもちろん、ときには敵国の妻になることも覚悟して祈りを続けたのです。

そして、大巫女とともにヨーロッパから船でやってきたのが、物部一族のルーツとなる一団でした。西洋の血を引く彼らは原初キリスト意識（※現在のキリスト教とは異なります）にもとづく博愛主義者であり、航海の途中に立ち寄る国ではいっさい争わず、先住民と交わって混血化したため、この一族にはさまざまな人種がいました。また、日本人にとって大事な食料となるヒエや粟の種を伝えたのもこの一族です。

ヨーロッパからやってきた物部一族の船団は、巫女集団とともに3度にわたって日本にやってきました。第1弾は母神信仰（アマゾネス）の時代、第2弾は男女神信仰の時代でした。

知恵と技術をもつ男性を中心とした物部一族は、強力な祈りの力をもった巫女集団のサポートがおもな役目でした。

物部一族とその巫女集団は、３つある天皇家のルーツのうち、母系である「沖縄からの血筋」に深く関わっています。じつは「天皇家にキリスト教が入っている」という噂もここから来ています。

ただし、天皇家＝キリスト教という単純な図式ではありません。キリスト教といっても、現在のイエス・キリストを崇める一神教のそれとは異なり、原初キリスト意識は古神道の礎となった神の概念だからです。

天皇家の神力継承には、大巫女にルーツをもつ母系の血筋が深く関わっているのですが、その大巫女を裏で支えていたのが、戦わずに国家を形成することを目的とした原初キリスト意識をもつ物部一族でした。

彼らは大巫女による祈りをサポートしながらも、武力をもつことはしませんでした。そのため、列島各地を移動する中で土着の部族や豪族に攻め入られ、殺されたり吸収されたりしながら人数を減らしていきました。

この一団は沖縄または九州から入り、四国・淡路島・関西・静岡などを経由して、最終的には諏訪の地（現在の長野県）に定住し、のちに諏訪族・阿波（安房）族と呼ばれるようになったのです。

三輪山に全国から巫女が集結

当時の日本はどの共同体でも、必ずといってよいほど一国の親分と神力のある巫女が組んで、宗教的祭祀を中心とした神権政治を行っていました。そのため、渡来してきた巫女たちは日本列島の広範囲に散らばっていました。

あるとき、宇宙の創造主より「三輪山（奈良県）で集まるように」との啓示が全国の巫女に降りました。巫女たちの意識は一定の周波数というネットワークで結ばれていて、テレパシー通信で連絡を取り合うことができたのです。

いまでこそ大神《おおみわ》神社のご神体として入山規制がかかるほどの神聖な三輪山ですが、当時は誰にも知られていない山でした。まだ移動手段もない時代でしたが、天からの啓示にもとづき、三輪山に同じタイミングで全国から巫女たちが集結したのです。

当然ながら、諏訪族・阿波（安房）族の巫女も三輪山へ向かったのでしょう。日本中にいる巫女を一カ所に集めた宇宙の創造主は、西から運んできた太陽神をこの地につなげるという「大いなる目的」を果たすよう、巫女たちに改めて確認させたと思われます。

建国前の古代日本が、このような女性の神力によって支えられていたという事実は、現代人にはまったく知らされていないのです。

四国の王・須佐之男命を奪い取った出雲族

宇宙の創造主から神力を降ろす天孫降臨神事の中心となったのが、卑弥呼率いる巫女集団であり、「宇宙神につながる12柱」と呼ばれる12名の大巫女でした。こうして彼女たちは九州の地に「宇宙とつながる祈り場」をつくりましたが、日本全体から光を発するためには全国各地におもむき、天鏡・水鏡・光鏡の儀式ができる場所を探す必要がありました。

そして、この天孫降臨神事に手を貸した出雲族（当時九州で勢力を誇っていた部族）と卑弥呼の巫女集団が混ざり合うかたちで、水鏡がある宍道《しんじ》湖の地（島根県）を目指したのです。

このときの出雲族の親分は大国主命《おおくにぬしのみこと》でした。そして、移動した先の中国地方一帯を統括していたのが、物部一族の血を引く豪族の親分、事代主神《ことしろぬしのかみ》だったのです。『古事記』に記された神話では、大国主命と事代主神は親子関係になっていますが、私の神事によれば親子ではなく、いずれも大陸から来た渡来人でした。

宍道湖の地に入った出雲族は、事代主神が率いる一団の中に「宇宙神につながる12柱」のうちの一人の巫女を見つけました。宇宙からもっとも大きな神力を降ろす、天孫降臨神事の中心となった大巫女です。

大国主命は、その神力（大巫女）を手に入れるために事代主神を配下におさめました。こうして卑弥呼の一団に加えて、物部一族の血を引く強大な神力を手中にした大国主命は、奪い取った大巫女を使って天照大神を出雲の地に降ろし、その神力に守られながら国家統一のために全国へ動き出したのです。

当時の九州北部は、小国が緩やかにつながり合う連合体制のような国家がありました。これが大和王朝に先駆けて興った倭国です。大陸からの渡来人だった大国主命も、もとは九州で小さな国をおさめていました。

しかし、独立心旺盛だった大国主命は倭国に組み込まれることを嫌い、卑弥呼の巫女集団とともに九州を後にし、出雲に入って事代主神の一団を制圧。出雲国を打ち立てました。

出雲の神といえば須佐之男命《すさのおのみこと》が有名ですが、私の神事によれば須佐之男命は出雲ではなく、四国地方をおさめていた豪族の親分でした。じつは出雲国をおさめていた大国主命がのちに四国を制圧し、地元の親分だった須佐之男命とその巫女たちを出雲まで連れてきたという流れなのです。

事代主神から奪い取った大巫女の神力によって、天照大神を出雲の地に降ろした大国主命でしたが、国家統一を果たすためにはさらなる神力が必要でした。自らの武力だけでは、いつ九州の国々から攻め入られてもおかしくない状況だったからです。

そんなとき、「四国の地に須佐之男命というすごい神力をもった権力者がいる」ということを知り、その神力を自分のものにしようと狙った大国主命は、須佐之男命を守る巫女たちを脅すという策略に出ました。

四国に攻め入るとの脅しを受けた須佐之男命を守る巫女たちは、「私たちが犠牲になって済むことなら何でもします。どうか王（須佐之男命）の命だけはお守りください」と大国主命に懇願しました。なぜなら、須佐之男命は武力を使わない王だったからです。『古事記』に記された神話の中の須佐之男命は、手の付けられない暴れ者で高天原《たかまがはら》を追放処分されたとありますが、実際の性格とは異なるようです。

こうして四国を制圧した大国主命は、須佐之男命と巫女集団を連れて出雲に戻りました。

四国地方一帯をおさめる豪族の親分だった須佐之男命も、じつは大陸からやってきた渡来人でした。そして、須佐之男命を祈りの力で守っていた巫女集団は、かつてヨーロッパから渡来した原初キリスト意識にもとづく祈りの一団でした。

この巫女集団により、須佐之男命は天照大神《あまてらすおおみかみ》と月読命《つくよみのみこと》の両方の神力をもつことになりました。彼女たちは天照大神の神力と、月読命の神力のいずれかに役割を分担して祈りを行っていたのです。

大国主命が手に入れたかったのは、須佐之男命を守る巫女集団の強力かつ究極の祈りの力でした。須佐之男命と巫女集団を出雲に連れ帰った大国主命は、須佐之男命と神力の強い中心的な巫女だけを残して、約２００名ほどを宍道湖に沈めて殺してしまいました。

これは巫女の呪詛を恐れたからだけでなく、当時の神権体制では人間や動物を生贄《いけにえ》として神々に奉げ、命と自然を一体化させることで権力者が神力を得るという祭祀が執り行われていたからなのです。

大国主命の出雲国が国家統一を果たす

２０１３年から２０１５年までの3年間、私は毎年12月に出雲を訪れました。２０１６年からエネルギーが変わることを知っていたので、過去すべての争いごとをおさめるために、出雲の神々へお詫びの神事を行っていたのです。

そのとき、出雲国総社の宮司の息子さん（禰宜《ねぎ》職）が、「出雲は戦わない国です」とおっしゃられました。現存する歴史書を見ても、かつて出雲族は武力ではなく知恵を使って土着の先住民をまとめ、勢力を拡大していったようです。

もともと出雲にいた事代主神の一団を制圧し、四国の地から須佐之男命と巫女たちを奪い、大勢の巫女を宍道湖に沈めた大国主命は、武力にものをいわせる荒くれ者のような印象がありますが、その後の展開では、渡来系の秦氏を含め戦わずに交渉して和合し、国を一つにまとめていったようです。

こうして九州・中国・四国・関西・中部・関東・甲信越といった国土のほとんどを出雲族（大国主命）が制圧し、日本列島ははじめて統合を果たしました。

なぜこのような重要事項が神事で明かされたかというと、私自身が大国主命の御魂をもっていたからです。そのため今世の私は、計り知れないほどのカルマを背負っています。全身全霊で、歴史上の出来事をお詫びし尽くさなければなりません。

神事仲間の男性の一人は、須佐之男命を四国で守っていた神官の御魂をもっていますが、かつてその神官を殺したのは大国主命である私でした。

地球創生神事では毎回、歴史上の出来事に関わっていた人々が集まり、その過去を同時に思い出し、それぞれの負の思いを共有します。神事に参加する個々人の魂の記憶を昇華させることも目的の一つだからです。解き放たれるべき多くの魂がいることは、神事を続ける大きな理由の一つです。

出雲族が国家統一を果たしてから、大きな問題が発生しました。朝鮮半島から難民としてやってきた新羅系の渡来人が九州を制圧し、出雲へやってきたのです。このときは神力の強い巫女を明け渡すことで、出雲の地が侵略されることはありませんでした。

続いて、出雲にやってきたのが、のちに大和王朝を築くことになる百済族（のちの伊勢族）でした。彼らも朝鮮半島から渡来してまずは九州を制圧し、出雲に入って大国主命に武力闘争をしかけてきました。

結果として、百済族は戦わずして出雲族から領地を譲り受けました。このときの両者のやり取りは、神話「出雲の国譲り」として語り継がれています。

国譲りのあと、百済族は日本各地に祀られた神々の名前をいっせいに書き換えました。それ以来、日本神道が天照大神によって全国をまとめています。

出雲族と新羅族と百済族。それぞれ異なる立場の民族でしたが、戦うことなくすべての思いを一つに束ねたのは、巫女による大和合の力でした。この神力、祈りの力によって多種多様な渡来人の血筋はのちに天皇家で一本化され、国家統一に向かって行ったのです。

出雲国譲りの真実と月読命の神力

なぜ、出雲の国譲りが戦わずに行われたのか。それには「国を譲れ」と迫る百済族に対して、出雲族がその言い分を「どうしても受け入れなければならない理由」がありました。話し合いをもった際、出雲国の王である大国主命と、百済族の王の母親が同じであることがわかったのです。つまり、両者は種違いの兄弟だったのです。

両者とも、九州北部にたくさんの小国が集まっていた頃の豪族の出身でした。当時は国同士が揉めた際、まずは戦いを避けるため互いに和合点を見つけます。敵である相手に対し、自分の妻や娘を差し出して婚姻関係を結ばせ、争いをおさめることもよくありました。そのため、出身部族は違っても母親が同じということは十分にあり得たのです。

二人の母親は先住民の血筋で、強い神力をもつ巫女でした。天皇家のルーツとなる女性のため、先住民出身ということは表に出せません。日本は本来、神の概念で守られている母性国家であり、何よりも母の思いが最優先されます。同じ母親をもつ兄弟同士が争うことは避けなければならないため、大国主命は百済族に国を譲りました。

このとき大国主命は、卑弥呼と巫女集団がもつ天孫降臨の神力、事代主神から奪った天照大神を地上へとつなぐ神力、須佐之男命から奪った天照大神と月読命の神力がありました。表（陽）と裏（陰）が一つになることで絶大な神力を発揮していたのです。

百済族から国譲りを迫られた際、大国主命は、表（陽）の力である天照大神だけを譲ることにしました。太陽神信仰・ラー族と同様、天照大神には「光の世界で未来を照らす」という神の概念があります。民衆を束ねる権力者にとっては必須な神力でした。そして大国主命は、表（陽）の祈りをしていた巫女たち（全体の約半数）を百済族へ明け渡しました。出雲の地で穏やかに暮らしていた巫女の多くが、家族との別れを惜しみながら伊勢へと旅立ったのです。

しかし、本来の神力を得るには、表（陽）と裏（陰）の両方がバランスよく整うことが必要です。表（陽）の力を失った出雲国は、その分を補うために天高くそびえ立つ祈り場をつくる必要がありました。

国譲りをする際、大国主命は百済族の王に対して「すべてを明け渡す代わりに、天に対して拝む場所を残してほしい」という条件を出しました。

その要求を受け入れた百済族の王は、出雲の地に高層神殿をつくりました。現在の出雲大社には、そのことを裏付ける3本の巨大な御柱跡が見つかっています。こうして「天に対する拝み」を残すことで、出雲国は神とのつながりを保ったのです。ちなみに、現在の島根県がある場所は、「陰の祈りをする場所」という意味で「山陰」と名付けられているそうです。

国譲りのあと、出雲では月のように闇を守る力・月読命《つくよみのみこと》をおもに祀るようになりました。昼（光）と夜（闇）を比べると、生き物は夜に成長します。命が育まれるのは、どちらかといえば夜の時間帯だからこそ、月読命の神力は命に直結するのです。

一方の百済族は、出雲族から譲り受けた天照大神を元伊勢の地に祀り、伊勢族と呼ばれるようになりました。そして、天照大神の神力で国家統一することを目指して動き出したのです。

しかし、天照大神の表（陽）の力だけでは神力が弱いことに気づき、再び出雲族から月読命の祈りをする巫女数名を譲り受け、天照大神と同じ元伊勢の地に祀りました。この時代、元伊勢では天照大神と月読命を同列で祀っていました。こうして元伊勢では、表（陽）と裏（陰）が一体となって神力が十分に発揮される状態が整ったのです。

しばらくして、天照大神を祀る社《やしろ》は現在の伊勢の地に移されました。月読命の社も伊勢へ移すはずでしたが、出雲とのつながりが強い月読命を「祟り神」として恐れた神職たちにより、月読命の社は内宮・下宮の外に置かれ、月読宮・月夜見宮として祀られることになりました。

私が元伊勢を参ると、月読命はいつも「わが思いが人に伝わらない」と嘆いていらっしゃいます。伊勢神宮の参拝者で、月読宮へ行かずに帰る人がたくさんいますが、月読命という闇を守る存在がいるからこそ、天照大神の力が守られていることに、どうぞ思いを馳せてください。

秦氏の正体と原初キリスト意識

天照大神を祀る神社は全国にたくさんありますが、昔からそうではありませんでした。先にも述べた通り、出雲族から国を譲られた百済族（のちの伊勢族）によって関東から西側、九州までのエリアにある神社の約半数は、ご祭神の名前を書き換えられているからです。

それも1回や2回では済みません。関西エリアに至っては、伊勢族のローラー作戦によってご祭神の名前が根こそぎ天照大神に変更させられています。

だからといって、出雲の神を祀った神社が無くなったわけではありません。とくに出雲族の思いが強く残っている関東エリアには、いまも出雲の神が祀られた神社が多く見られるのです。

中国系秦氏《はたうじ》が創建したとされる稲荷神社も日本全国に広まっています。神社の末社として稲荷神は多く祀られていますが、それだけ秦氏が古くから日本に居住し、影響を与えてきた証しといえるでしょう。

出雲族が国家を統一するよりも前、日本では秦氏たちの活躍がありました。

秦氏について『日本書記』には「百済から渡来した」と記されています。しかし、私の神事によれば、第1弾の中国系秦氏は、大陸で起きた戦いから逃れるために日本へやって来ました。

当時の中国は春秋戦国時代に入り、数多くの国が覇権を争い、弱い国が強い国に併合されながら戦乱の世が長く続きました。このときに強国として成り上がり、一時的にも中国を統一したのは秦の始皇帝でしたが、諸国の反乱によって15年ほどで滅びたそうです。

敗者は老若男女一人残らず殺されるため、秦氏一族は朝鮮半島を経由し、必死の思いで大陸の玄関口となった九州にたどり着きました。当時の九州にはすでに多くの先住民や渡来人が暮らしていたので、秦氏の一部は中国・四国エリアに移り住み、さらに関西エリアにも進出しました。そして、優れた知識や技術によって日本各地に文化の礎をつくったのです。

私の神事仲間の考察によれば、もともと秦氏はイスラエル（ユダヤ）系の民であり、日本に原初キリスト意識を持ち込んだ一族であるとのこと。その証拠に、秦氏を人格神として祀る稲荷信仰や八幡信仰の神社には、ダビデの星が隠れていることがあります。

いずれにしても、日本という国を形成するうえで秦氏が非常に重要な役割を果たしたことは間違いありません。男たちの戦いをおさめるために敵同士の男女が交わって子どもをつくり、混血化して和合する。その意味でも、天皇家の血筋である男系ラインには秦氏が深く関わっているのです。

古代から続く日本の歴史で、何度も繰り返されてきた民族同士の争い。その「無意識カルマ」を一掃するために、私はずっと全国各地で神事を行ってきました。その土地に関わる人たちの思いも含めて、民族本来の血筋と神の思いを立て直す。過去の失敗を愛に変えるために、私たち日本人はこの世に生を受けているのです。

天皇家の出自について掘り下げることは、いまもタブー視されています。現存する歴史書によれば、天皇家の先祖である一族は九州から船で大阪に入り、現在の「住吉宮」にお宮を建て、あちらこちらに遷宮したのち、長い時代を京都で過ごしたという流れになっています。なかでも京都御所は特別な場所です。江戸時代に首都が東京へ移るまでは、歴代天皇の住まいがある歴史上の重要な舞台でした。

そのために私も、天皇家と天皇家をお守りする多くの御魂の思いをくみ取り、世の人々に正しい情報を伝えるため、『スピリチュアル大学校』を開講しました。その講義の中でも、真実の歴史を伝え残すための「人神学《じんしんがく》」は、おもに京都で開催しています。

第3章 「三種の神器」の本当の意味

伊勢神宮に祀られている神鏡・八咫鏡

三重県伊勢市に鎮座する伊勢神宮には、約２０００年前から天皇家の祖霊神である天照大神が鎮まり、古来より「日本人の心のふるさと」として親しまれてきました。お伊勢参りで賑わいをみせる参道を通り、五十鈴《いすず》川にかかる木造の宇治橋をわたると、緑豊かな森に抱かれた境内が広がります。

伊勢神宮の特徴は、天照大神をご祭神とする内宮（皇大神宮）と、豊受大神《とようけのおおかみ》をご祭神とする外宮（豊受大神宮）の２つの正宮があること。

厳粛な空気が漂う中、玉砂利を踏みしめながら10分ほど歩くと、内宮の中心である正宮の階段があらわれます。一般の参拝が許されるのは石段上にある帳の前まで。この正宮の中に天照大神のご神体である神鏡・八咫鏡《やたのかがみ》が祀られているのです。

八咫鏡は、皇位継承には欠かすことのできない三種の神器の一つ。日本神話でも大事な場面でこの神鏡が登場します。

神話によれば「天照大神が、弟神である須佐之男命の乱暴な振る舞いに心を痛め、天岩戸に身を隠してしまった」という天岩戸神話です。

太陽神の天照大神は「光」そのものなので、身を隠すと世の中が闇に包まれてしまいます。その際、八百万の神々は石凝姥命《いしこりどめのみこと》に命じて鏡を作らせました。神々は、岩戸の前で天鈿女命《あめのうずめのみこと》が得意の舞を披露しているときに、鏡と勾玉を榊の枝に引っかけて岩戸の前に立てかけたのです。

外の賑やかな様子が気になった天照大神が、岩戸をわずかに開けてみると、榊に引っかけられた鏡に自分の姿が映りました。「いったい誰だろう」と身を乗り出した瞬間、天手力男命《あめのたぢからおのみこと》が岩戸を開け放ち、天照大神に外へ出ていただくことができました。そして再びこの国は光に満ちた世を取り戻したというストーリーです。

このように天岩戸と鏡には深い関係があります。

日の本《ひのもと》の国と呼ばれるわが国が光で満ちなければ、世界は闇に包まれる。このあたりが天岩戸神話の核心的部分です。

神話においても、天照大神が岩戸に隠れたあとの世界では作物が育たなくなり、疫病が蔓延し、争いごとも絶えなくなったそうです。

私は、全宇宙は「闇」からはじまったと考えています。この闇（裏）の世界のことを幽世《かくりよ》といいますが、ここにも神々がいて、光（表）の世界とのバランスをはかっているのです。

日本神話には八百万の神々が登場しますが、神の側から見た私たち人間の世界は、魑魅《ちみ》魍《もう》魎《りょう》がうごめく闇の世界なのかもしれません。神々は、動物が少し進化した程度の人類に知恵を授けるため、地上に降り立ち、その御技《みわざ》によって日本という国が誕生しました。

天岩戸は、まさしく「あの世とこの世の境界線」を意味しています。人間の世界を神の光で明るく照らすために、天照大神は岩戸から出てこられたのでしょう。

たとえば、神社の鳥居もこの境界線にあてはまります。

よい神社では、鳥居をくぐった瞬間に空気が一変し、そこから神域となったことがわかります。ぜひみなさんも、神社を参拝される際には「光の世界」を体感してみてください。

日本神道と太陽神信仰のつながり

鏡がまだない時代、古代の人たちが自分の顔を見るためには、溜めた水に映すしか方法がありませんでした。これを水鏡《みずかがみ》といいます。

その後、日本に金属を磨いた鏡が登場したのは弥生時代初期の頃。まだ日本では石や土を道具として使っていた時代に、中国から鋳造技術とともに青銅製の鏡が伝わってきました。

これが日本古来の「青銅鏡」です。

当時の鏡は姿を映す実用品としてではなく、王様の宝物や祭事の道具として使われていました。

天岩戸神話で伝えている鏡の概念は、「鏡＝太陽＝光」です。巫女が祭事で用いる際には、昇っては暮れる陽の光を映し、その光を「命の元」として扱いました。そのこともあって、権力者はみな鏡を欲しがりました。青銅鏡を胸に掲げて陽の光に包まれることで、民衆に対して自らを「地上に降りた神」のように演出することもあったのです。

中国から渡ってきた青銅鏡や鋳造技術は、さらにずっと西側の古代エジプトを起源とします。約５０００年前から、太陽神信仰・ラー族の人たちによって青銅鏡が祭事に使われてきたという記録もあります。

じつは、中国を経由して日本に神鏡の概念を運んだのは、太陽神信仰・ラー族でした。多くの神社本殿では、祭壇の真ん中に神鏡が置かれています。これをもって日本神道＝太陽神信仰ととらえることは性急ですが、少なくとも太陽神信仰の影響を受けた渡来系民族が、日本神道の成り立ちに関わっていることは疑いようがありません。そうでなければ、祭壇の真ん中に鏡を祀るはずがないからです。

世界中すべての宗教的風習に神鏡が用いられているわけではありません。ほとんどの国で鏡といえば、生活の道具に過ぎないでしょう。

それが日本に伝わるとなぜご神体となるのか。古来より鏡は、天皇家の祖霊神である天照大神を象徴する至宝であり、神様と向き合おうとする「日本人の精神性」をあらわしたものでした。

私たち日本人は、太陽の光に特別な意味を見出します。夕闇が迫る頃に一筋の光が差し込むと、そこに神の意図を感じるのです。悪賢い権力者であれば、鏡を用いた光の屈折により、神秘的な場面を演出することもあったでしょう。「今ここに神が降りる」と予言して民衆を支配し、管理する。そのための道具として鏡は用いられたのかもしれません。

突然のように陽の光が差し込むと、民衆は神の力を信じます。民衆の意識を束ねるには太陽神信仰が有効だったので、人類の半数以上が「太陽を拝む」といわれているのです。

琵琶湖周辺に住み着いた鏡族という巫女集団

滋賀県の中央に位置する、日本最大の湖として知られる琵琶湖。推定年齢は400万歳ともいわれています。

古代の日本では、豊富な自然の恵みを求めて多くの先住民が湖岸に集まりました。続いて、この地にやってきた渡来系民族は、まだ狩猟採集をしていた土着の民を僕《しもべ》として吸収し、一大集落を形成。大陸からもたらした高度な農耕および鋳造技術により、琵琶湖周辺は大いに繁栄したそうです。

また、同時期にこの地へやってきた渡来系の巫女たちは、青銅鏡を用いて神事をしていたことから「鏡族」と呼ばれました。どのような神事かというと、まずは大量の青銅鏡を琵琶湖に沈め、太陽の光を湖面に反射させます。そして、琵琶湖自体を水鏡として天照大神の御魂を湖面に転写させるという方法です。

実際にも、北側の湖底からは何十枚、何百枚という青銅鏡が沈んでいるのをダイバーが発見しています。現在少しずつ掘り起こしながら、専門家による歴史的検証を進めているところです。

あらゆる分野で高度な知恵と技術をもち、武力を使わずに先住民を束ね、自分たちが守り続けてきた宇宙の創造主からの光を最果ての地につなぐ。これが鏡族と呼ばれた巫女集団の本来の目的なのです。当時、鏡族は日本各地に住み着いていましたが、なかでも代表的な居住地が琵琶湖の湖岸です。

神事でわかったことですが、琵琶湖周辺に住み着いた鏡族とは、おもにヨーロッパから南方をまわり、沖縄・九州を経由して福井県の常神半島に入った巫女たちのことをいうようです。さらに中国から渡ってきた渡来人とも混血しているため、鏡族はじつに複雑な血筋になっています。

また、鏡族には全身に刺青《いれずみ》を入れる風習がありました。刺青は、いくつもの民族の血が混ざる中で自らのルーツを伝承する方法の一つであり、ヨーロッパではなくインドの渡来人がルーツのようです。

たとえば、刺青をしている手と手を合わせると、マークが浮き出てどの民族出身なのかわかるようになっています。いまでは刺青の風習も、沖縄でわずかに見られるだけとなりました。

あるとき、朝鮮半島で起きた地殻変動により、鈴鹿山脈や比良山地といった琵琶湖周辺の山々が噴火して急激に隆起しました。そのときに湖の水位が大きく上がったことで、湖岸に点在していた集落が水没し、多くの住民が命を落としました。かろうじて生き残った人たちは、山の高みへと逃げたそうです。

滋賀県竜王町にある鏡神社は、産土神《うぶすな》としてこの地に古くから鎮座している社です。ご祭神の天日鉾命《あめのひぼこのみこと》は、朝鮮半島・新羅国の王子といわれ、製陶の知恵と文化を広めたことで知られています。

この周辺一帯は「かがみの里」といわれ、渡来文化が残るエリアとしていまも鏡族を名乗る人たちが住んでいます。

そして、鏡神社に面してそびえる鏡山（竜王山）の中腹には遥拝所がありますが、ここでは「山々を背にして琵琶湖に映る神に祈りを捧げる」という古来のやり方をいまも守り続けているのです。

なぜ天皇の神宝は違う場所に祀られているのか

ところで、三種の神器の1つである神鏡・八咫鏡は、伊勢神宮に祀られているとご説明しましたが、じつは宮中賢所《きゅうちゅうかしこどころ》にも神鏡が祀られているのをご存じでしょうか？　伊勢神宮にある神鏡が本体で、宮中賢所にある神鏡はその分身といわれています。

神は万物に宿るという観点からいえば、宮中に伝わる神鏡がレプリカ（模造品）というわけではありません。本体と分身という違いはあっても、天照大神の御魂が宿る同一の神宝と見なされています。

そして、三種の神器のうち残り2つが、神剣・草薙剣《くさなぎのつるぎ》と神璽・八尺瓊勾玉《やさかにのまがたま》です。これらは宮中でも陛下の寝室の隣に位置する剣璽《けんじ》の間に奉安されています。

じつはこの神剣、宮中にあるものは分身であり、本体は愛知県に鎮座する熱田神宮に祀られているのです。

神璽（勾玉）については宮中に奉安されているものが本体であり、分身は存在しないといわれていますが、「神璽の大元は出雲の地より運ばれた」という事実があります。

なぜ神鏡と神剣の分身がつくられたかは定かでありませんが、『日本書紀』によれば、第10代・崇神天皇の時代に八咫鏡と草薙剣の分身がつくられたそうです。本体は宮中から運び出され、巫女の神託によってそれぞれが伊勢の地と熱田の地に祀られることになりました。のちに新たな社が建てられましたが、それが伊勢神宮と熱田神宮の前身といわれています。

伊勢神宮と熱田神宮、そして宮中に分散されて奉安されている三種の神器は、天皇さえも実物を見ることが許されないという神宝。いずれも記紀に示された聖なる起源をもち、皇位の象徴として天皇家に代々受け継がれてきました。

天皇家に限らず、神力を継承する場合は道具を用います。

第1章で「天皇は、人か？ 神か？」についてお伝えしましたが、この「神」の部分に大きく関係しているのが、天照大神の神力を継承する三種の神器。これは必ず３つセットでなければ神力を発揮しません。３つ揃ってはじめて人神としての頂点、日本でいちばんの神力の元になるのです。

にもかかわらず、なぜ一つの場所に祀られていないのか不思議に思われるでしょう。また、今日まで誰も見ることを許されていないため、そもそも本当にこれらの神器が実在するのかどうかもわかっていません。謎めいた存在だからこそ尊いともいえるのです。

ある日、私のもとに「あらゆるものを産み出す力は、意志と創造力である」というメッセージが降りてきました。

意志は「剣」にたとえられ、創造力は「勾玉」にたとえられます。

剣は、天に捧げることも、地に刺すこともできます。古来から天と地のつなぎ役として男性がもっていました。

一方で勾玉は、女性の子宮を模し、陰陽一体の「命を生み出す力」を物質化したものです。

祭祀の装身具としておもに女性がもっていました。

権力の象徴である剣と、命のつながりの象徴である勾玉。これらをつなぐものが太陽神信仰・ラー族から運ばれてきた鏡なのです。

龍宮城・伊良部島での白龍との出会い

鏡の神力を発揮させるには、出雲と伊勢がセットで働く必要があるのですが、そのために私は、天照大神の魂ルーツをつなぐための天岩戸神事を行う必要がありました。沖縄の宮古列島からスタートし、出雲大社で受け取った勾玉（のエネルギー）を伊勢神宮へとつなぐ神事です。

これを行うことで、裏の神力を守っている「出雲の月読命」と、表の神力を守っている「伊勢の天照大神」が一つになり、バラバラだった三種の神器のエネルギーが統合されるのです。

2003年、宇宙神からの「地球を救いなさい！」という啓示に従って、神様が会わせて

海に突き出た特別な岩場（なべ底）

くれた人たちと一緒に、私は北海道の重要な神事を行いました。

その翌年の２００４年、何かに導かれるように沖縄の宮古列島にある伊良部島と下地島を訪れ、現在の活動のきっかけとなる「龍神雲」を目撃しました。

ふと空を見上げた瞬間、とぐろを巻きながら一直線に上昇する不思議な雲を発見。それを撮影していると、「白い龍、白龍は、天龍である」というメッセージが降りてきたのです。

私が訪れたのは、伊良部島の名所である「通り池」の先にある海に突き出た特別な岩場（なべ底）でした。そこは地元の神人《かみんちゅ》のあいだで「龍にまつわる特別な場所」と言い伝えられていたのです。

のちにわかったのですが、天龍とは、すべての龍神を司る最高位の存在なのだそうです。「天龍を見せられたのは、何の意味があるのか？」との疑問を抱きながらも、いよいよ心眼が開きました。

沖縄のため、日本のため、地球のために与えられた霊力を使いながら、その役目を果たすときがきたと私は覚悟を決めました。

かつて瞑想中に、私の体内へ青龍が入ったことがありました。今度は、白龍（天龍）です。龍は水の神であり、雲や波などを自在に動かすことができます。

私はその後、何度も龍の姿を見ることになります。

沖縄では昔から伊良部島そのものが龍宮城だといわれていて、島内には「龍が出入りする門」や「龍が休む台座」が点在しています。

２００５年、日本を守る最大の自然霊である白龍が、龍宮城である伊良部島に集まっていることがわかりました。

約７００年続く伊良部島の伝統行事ユークイ（豊年祭）にも、私は４年続けて参加しました。閉鎖的な祭事であり、島外の人間が参加するのははじめてとのことで、地元の新聞社が取材に来たほどです。

この島に縁があるということは、龍神とのつながりが強いことを意味しますが、龍神は自然神なので、先祖神のようなきめ細やかな導きはありません。「すべては自然の流れにある」と悟ったうえで、一人ひとりが生まれもった使命を自覚することにより龍神からの守護が得られ、行動が促されるのです。

天岩戸の本当の場所とは？

伊良部島で撮影した「龍神雲」の写真をきっかけに、多くの沖縄の神人とつながった私は、たびたび宮古島や沖縄本島の周辺の島々に通って数百カ所にのぼる秘められた聖地を巡り、地元の祈り人とともに神事を続けました。

そして２００７年、私に「天岩戸を開きなさい」との啓示が降りました。正直なところ、私はやる気が起きませんでしたが、神の啓示が降りてしまった以上、神事を「やらない」という選択はできません。「やる」というまでずっと問われ続けます。

決心した私は、祈り仲間とともに天岩戸を開く神事に入りました。まずは天岩戸の場所を特定するため、知り合いの宮司から情報を得て、天岩戸といわれている２つの場所に向かいました。

１カ所目は、京都の元伊勢にある真名井神社です。境内の裏には、天照大神の古代祭祀が行われた場所といわれる巨石（磐座《いわくら》）が鎮座していましたが、そこで祈りをしてもピンとくるものがありませんでした。

２カ所目は、九州のとある場所に鎮座している巨石でしたが、ここも啓示を受けた「天岩戸」ではなかったのです。

その後、天岩戸については、沖縄の久米島で行った沖縄五島祈り（沖縄本島・久高島・伊是名島・伊平屋島・久米島）によって真実がわかりました。天岩戸とは、「地球の核」のことだったのです。

ほぼ毎月のように沖縄へ通い、神々に祈りを捧げていた2007年3月11日。沖縄五島祈り最後の久米島祈りを明日に控えた夜のこと。突然、伊是名島のある御嶽《うたき》の神が仲間の神人《かみんちゅ》の体に乗り、私にメッセージを伝えてきました。

「地球の核を開けろ！」

かつての神事で私は、地球の核の中にいる一人の美しい巫女が、地球のエネルギーを守っているという映像を見せられたことがありました。メッセージは、その地球の核を開いて巫女のエネルギーを解放しろ、というのです。

さすがの私もこれには抵抗しました。どれほどのつらい思いをして祈りを捧げてきたか。それは地球の核にいる巫女を守るためでした。

抵抗する私に対し、神はいいました。

「地球の核が開けば、多くの人間が目覚める」

私の望みも同じだったので、神の意図に従うことを決めました。そして祈り仲間には、地球の核を開ける神事を行うことを伝えました。さらに、闇を守る存在と契約しなければならないので、深夜０時に浜辺で祈ることも決めました。

闇の中で祈る恐ろしさはみな知っていましたが、同意してくれました。そして、真っ暗な海へ向かって祈りをすると「海の底神」が黒い姿をあらわし、私たち一人ひとりの覚悟を確認し、最後にお礼を伝えてくださったのです。

その翌朝、海の中のある祈り場へ向かうと、サンゴでできた印がありました。それまで数カ月かけて全員で祈った際の、神様からいただいたすべてのお礼のエネルギーを地球の核につなぐと、今度は地球の核からすさまじい光があふれ出し、天に向かって飛び出して行きました。

天岩戸神事で目覚めた「龍球王国十五神」

この事象は、地上世界が変わるというサインでした。天岩戸神事により、地球の核に眠っていた新しい神々がいよいよ目覚めたのです！

その神々の数は十五神。帰りの機内で天地がひっくり返るほどのめまいに襲われた私に、宇宙神である十五神の名前とその役割が告げられました。私は、必死な思いでそれをメモしたのです。

同時に、私たちの棲むこの地球は大神様の承認のもと、龍が守る星『龍球王国』と改名されました。

そして、この龍球王国を常に守護している存在が「龍球王国十五神」。十五神の名前と役割を唱えるだけで、あなたの中に封印された最高位の神力が働き出し、苦しみや争いのない平穏な心を瞬時にして取り戻すことができるのです。

龍球王国の国旗

龍球王国があったときの過去世を思い出した神事仲間が、当時の国旗を描いてくれました。

宮古島の八重干瀬《やびじ》へのぼり、宇宙の神々にご報告するときだけ公開している国旗です。

これら宇宙神の集う場所が、宮古島の北方に位置する八重干瀬。大小１００以上の岩礁《がんしょう》からなる日本最大級のサンゴ礁群であり、年に一度の大潮で浮上する「幻の大陸」ともいわれています。またこの日には、宇宙神界の神々が八重干瀬に集まり、大々的な宇宙会議が開かれるのです。

この八重干瀬に上陸できるのは旧暦３月１日（の前後を含めた数日間）のうち、たった１時間だけ。地元では昔から「龍が立つ日」と口伝されています。

私も毎年この日に八重干瀬を訪れて神事を行いますが、この世とは思えないほど美しく、生命エネルギーに満ちた場所です。

そこでの祈りの時間には龍宮底神、地球の核、地球を守る宇宙神、そして人間を地上で守っている大神島、池間島、来間島、伊良部島、宮古島の神々に心を合わせます。

すると、地球を包み込む成層圏の扉が開き、天の扉も開き、龍球王国十五神が見守る中で宇宙の創造主と対面できるのです。

八重干瀬（沖縄県宮古島）

【龍球王国十五神の名前とその役目】

1. アマミキヨ：南を守る神・発祥の地を守る神
2. クニトコタチ：東北を守る神・宇天と地球を結ぶ神
3. スクナヒコノミコト：東を守る神・海と水を守る神
4. オキクルミカムイ：北を守る神・山と底を守る神
5. ウハルズ（大主）の神：西を守る神・生類すべてを守る神
6. ウエノキヨメの姫：天上界を清める役目
7. アガリキヨメの姫：すべての御霊を清め上げる役目
8. ミタマミガキの神：人間の御霊を磨き上げる役目
9. タチクルメの姫：すべての和合調和の役目
10. スサノオウ：すべての底を救い上げる神
11. ニレハレの神：太陽と月を守る神
12. コレカナメの神：創造主との繋がりを守る神
13. ウメノカナメの神：すべてに希望を与える役目
14. コノハナサクヤ姫：すべてを喜びに変える役目

15．龍王神：龍王神界と王を守る神

沖縄ラインの天照大神をつなぐ神事

地球の核は、宇宙の創造主とつながっているだけでなく、宇宙ができた頃からの全記憶がおさめられたアカシックレコードとも連動しています。

久米島で地球の核が開かれたことにより、その後の神事では、天皇家および日本人のルーツにまつわる隠されていた真実が次々と明らかになりました。

天皇家のルーツは、一般的に「中国や朝鮮から伝来した民族」といい伝えられています。ルーツを一本化した理由は、国家をまとめて民族の思想を統一するためでした。真実にフタをせざるを得なかった事情があるのでしょう。

もともと日本人には中国や朝鮮だけでなく、インド、ヨーロッパ、中近東などから渡来したさまざまな民族の血が複雑に混ざり合っています。つまり、日本人という固有民族は存在しないのです。

日本列島に古くから住み着いていた先住民と、その後に世界中からやってきた渡来系民族

との掛け合わせが日本人のルーツです。天照大神から続く万世一系の血筋といわれる天皇家でさえ、その例外ではありません。

しかし、そういった事実が表に出てしまうと、天皇を国家の象徴として崇める「日本人の精神性」が保てなくなるかもしれません。日本人には、政治・経済・文化という側面よりも、日本神道という宗教をベースにした精神性を重んじる国民性があるからです。

また、日本神道の隠れた真実も神事で明らかになりました。

約6000年前、ヨーロッパから南方の国々を経由してやってきた巫女たちが最初に到着した日本の場所は、沖縄の宮古列島にある来間島《くりまじま》でした。

島内に残された天照大神の「天岩戸」では、日本神道の謎を解き明かす重要な鍵が見つかっています。出雲国がつくられるよりも昔、宮古島に「母なる命の元」である天照大神が降り立ち、その神力が大和王朝そして天皇家に引き継がれていきました。

宮古島の神人《かみんちゅ》と行った神事により、「母なる命の元」が沖縄から九州、出雲、そして伊勢へとつながっていることを確認しました。

その後の神事でも、母系の血筋である巫女たちが日本各地に移動したことで、ときには本意でないかたちで巫女の神力が男たちの争いに利用され、やむなく時の権力者と交わったという裏の歴史があることもわかりました。

太古の昔に存在した日本民族の思いは、現代の日本人の潜在意識に刻まれています。私たちのＤＮＡには、地球創世記からのすべての記憶が残されているのです。

神話でも触れられていない日本の「裏の歴史」は、長いあいだ母系の血筋である巫女たちによって密かに語り継がれてきました。天皇家を陰で支えてきた母であり巫女の思いをくみ上げ、つなぎ合わせて蘇らせる必要があるのです。

天の神々は「地上に降りる」というイメージがありますが、地球のために他の星からやってきた神々は、地球が生まれた瞬間、地球の核に入りました。本来の「天降り」とは、神々が地球の内側から出てくることを意味します。

地球の核が開いたいま、封印されていた神々の力が働き出しています。

新しい地球としての『龍球王国』が誕生したことで、これまでの歴史の意味がすべて変わりました。たくさんの神々がいっせいに動く新時代が到来し、日本人のルーツ、人種の根の元を明かすときが来たのです。

草薙剣の真実

続いて、草薙剣《くさなぎのつるぎ》についてご説明しましょう。

現在、熱田神宮には本体が、宮中には分身が奉安されているという草薙剣は、私の神事によると、この2つ以外にもいくつか存在するようです。

最初の草薙剣は、初代・神武天皇が啓示を受けたとされる、九州のとある山頂にいまも刺さっています。

また、皇室が代々受け継いでいる草薙剣は、さまざまな地域をわたって一時期、静岡県の草薙神社（ご祭神は日本武尊《やまとたけるのみこと》）に奉安され、のちに愛知県の熱田神宮に移されたといわれていますが、本当のところはわかりません。

かつて男たちは剣をたずさえて出征しましたが、負けた戦士がもっていた剣は打ち捨てられ、勝った戦士の剣のみが英雄の証として祀られます。

剣は、勝者の民族としての象徴です。神剣には、戦いに負けて命を落とした多く戦士の思いが込められています。そのため、神事では負けた側の剣が埋まっている場所を特定し、戦士の御魂を癒すこともたびたびあるのです。

それでは、熱田神宮に祀られている草薙剣も勝者の象徴かというと、じつはそうではありません。かつて熱田神宮をつくった新羅族は、伊勢神宮をつくった百済族に制圧されているからです。

民族紛争とは、もとからその土地に住んでいた一族と、あとからやってきた一族との戦いを意味します。

一般的に知られている史実では、戦いに勝った側の名前しか残りません。ところが、負けた側の名前をすべて消してしまうと、その者たちの念がかかります。子々孫々まで祟られないように、意味を変えて、その名前を歴史や神話に記すことが多くあるのです。

じつは伊勢神宮がある伊勢も、熱田

熱田神宮（愛知県名古屋市）

神宮がある熱田も、度会《わたらい》氏という先住民がもっていた土地でした。いずれの場所も新羅系の神力が宿る土地柄であり、度会氏が神守りをする（新羅系の）庶民信仰がいきづいています。百済族からすると、「天皇家の血筋には関係ない土地」となります。そのことから、三種の神器が祀られて以降も、長いあいだ天皇の伊勢神宮参拝は行われてきませんでした。明治天皇が在位中にはじめて参拝してからは継承されています。

八岐大蛇神話と出雲の国の成り立ち

鏡と勾玉は、太陽神である天照大神が岩戸に身を隠し、世の中が闇に覆われたという神話の場面で登場します。

その神話によると、鏡と勾玉という2つの神器は、神々が棲む天上界・高天原《たかまがはら》でつくられました。そして、天照大神の孫神である瓊瓊杵尊《ににぎのみこと》がそれらを授かり、猿田彦尊《さるたひこのみこと》の導きによって、地上世界である葦原中国《あしはらのなかつくに》に降臨したのです。

草薙剣だけは、高天原でつくられたものではありません。

姉である天照大神によって高天原を追放された乱暴者の須佐之男命は、出雲の国に降り立った際、肥の河のほとりで泣き暮れる老夫婦とその娘に出会いました。理由を聞くと、この地に棲んで人を喰らう八岐大蛇《やまたのおろち》という大蛇の化け物に、娘を生贄として奉げなければならないといいます。

須佐之男命は、その若く美しい娘である櫛名田比売《くしなだひめ》にひとめ惚れをし、「私の妻になれば助ける」と約束。そして、八岐大蛇を退治しましたが、その際に尻尾から出てきたのが鉄製の剣でした。

須佐之男命は、その剣を天照大神に献上しました。のちに孫神の瓊瓊杵尊に授けられ、熱田神宮に祀られる三種の神器の一つとなったのです。

須佐之男命が主役として登場する八岐大蛇神話ですが、すでに述べた通り、実際のところ出雲の地での須佐之男命は、大国主命に捕らわれた身でした。この神話には、民族紛争という裏の歴史が秘められています。

八岐大蛇とは、もとから出雲の地に住んでいた8つの豪族を象徴し、須佐之男命とは、出雲の地に攻め込んできた大国主命を象徴しています。

八岐大蛇という怪物が娘をさらって食べてしまうというくだりは、この地を支配していた豪族たちの横暴な振る舞いをあらわしているのでしょう。

そして、討ち取られた大蛇の尻尾から出てきた神剣とは、この戦いでの大国主命の勝利を意味します。

神話の中で、須佐之男命の妻となる櫛名田比売は、その名の通りに稲田の女神。大国主命は、それまで災害をもたらしてきた河の水を制御し、荒涼とした出雲の地を開拓して豊饒な農耕・稲作文化を広めて、豊かな出雲国をつくりあげたことが語られています。

八岐大蛇神話には、もう一つ別の意味があります。

神話の舞台となった肥の河とは、現在の斐伊川《ひいがわ》を指すと思われます。出雲の地をウネウネと蛇行しながら流れ、平原ではいくつもの支流に分岐する斐伊川は、昔からたびたび氾濫を起こす暴れ川でした。まさに八岐大蛇のイメージにぴったりです。

八岐大蛇とは、災害を起こす「荒ぶる自然神」の象徴といえるでしょう。大雨が降れば洪水が起こり、川のふもとの集落を丸のみにしてしまいます。

また、胴が8つに分岐し、頭が9つある八岐大蛇は「九頭竜《くずりゅう》」とも呼ばれています。神奈川県の箱根にある九頭竜神社も、自然災害のエネルギーをおさめるために建立されました。山に囲まれ、芦ノ湖に向かっていくつも川が流れ込んでいる箱根の地は、昔から災害の多い場所でした。

このように八岐大蛇神話には、自然神を信仰する先住民と、知恵をもって自然災害に対処した渡来人（大国主命）との交流を描きながら、「地震や豪雨などの天災が起こることも自然界のバランスだ」というメッセージが込められているのです。

神剣を授かった日本武尊とその出生の秘密

神話では、「八岐大蛇を退治した際に尻尾から出てきた鉄製の剣は、須佐之男命から高天原にいる天照大神に献上された」とあります。この剣は、天照大神の所有物となったことで神威を得て、三種の神器の一つとして瓊瓊杵尊に授けられ、再び神剣として地上にもたらされました。

その後、神剣が記紀に登場するのは日本武尊《やまとたけるのみこと》の時代になります。

記紀によれば、日本武尊は第12代・景行天皇の次男として誕生しています。景行天皇は、凶暴な息子だった日本武尊をわが身から遠ざけるため、大和朝廷に反旗を翻す勢力を制圧するように命じました。彼は、父の期待に応えようと勇んで出かけ、見事に敵を倒し、大事業を成し遂げて戻ってきました。ところが、休む間もなく今度は東征を命じられたのです。

自分の帰還を喜ばない父親の態度に傷ついた日本武尊は、東征出陣の際に遠回りをして伊勢神宮を詣でたのですが、そのときに叔母の倭姫命《やまとひめのみこと》から神剣を授かった、というのが神話の内容です。

神剣をたずさえた日本武尊は尾張国に行き、のちに妻となる宮簀《みやず》媛命《ひめのみこと》と出会いました。そして、東国へ出征して敵を打ち破り、尾張国に戻って宮簀媛命と結婚します。

草薙剣の名は、東征で焼き討ちにあった日本武尊が、倭姫命から授かった剣で草を薙ぎ払い、九死に一生を得たことに由来するそうです。

その後、入婿した尾張の地で結婚生活を送っていましたが、ある日、草薙剣を妻のもとに置いたまま、近江にある伊吹山の神を制圧するために出かけ、その戦いに敗れて命を落とします。

すぐに戻るはずだった愛妻の元に、たどり着くことなく息絶えた日本武尊の無念さはいかばかりだったでしょう。彼の死後、草薙剣はその妻・宮簀媛命によって熱田の地に奉安されたと伝えられています。

このように熱田神宮で祀られている草薙剣は、常に日本武尊とセットで語られています。

しかし、私が神事で日本武尊の御魂に直接聞いた内容は、一般的に知られる神話とは大きく異なります。

記紀での日本武尊は皇子として語られていますが、実際の父親は、九州でも最強といわれる豪族でした。そして母親は、九州北部に国を構えていた安曇族の出身でしたが、政略結婚のために大和王朝へ嫁ぐことになりました。要するに、日本武尊にとって景行天皇は、実父ではなかったのです。

そのため、景行天皇とその側近たちは日本武尊のことをどうしても信用できませんでした。跡取りとなる長男は純粋な大和民族の血統だったので、知力と武力に長けた日本武尊がいずれ長男の地位を脅かすのではないかと怖れ、景行天皇は２度も出征を命じ、遠くへ追いやったというのが実情のようです。

父親の景行天皇から粗末な扱いを受けることに傷ついた日本武尊は、東征する際に伊勢の地へ向かいました。そこで母親の親族である大巫女（神話では倭姫命となっている）から短剣を授かり、送り出されます。

先住民トップの豪族の血を引く日本武尊は、大和朝廷に反逆する者たちとも和合しやすいメリットがあります。彼は、全国各地の豪族と協定を結ぶために日本中を奔走。豪族の親分たちに「他国に攻め込まれたくなければ、私に協力してほしい」と交渉し、次々と統合していきました。

地方の豪族にとって天皇家など見も知らない存在。いきなり使いの者がやってきて「手を組もう」と打診されても、すぐに承諾するはずがありません。

そこで日本武尊は先住民の衣装に着替え、武器をもたず、ごく少数の付き人とともに豪族の親分をたずねてまわったのです。そして「豪族同士が手を組んで団結しなければ、海の向こうの国に侵略される」と説得しました。

すぐさま殺されてもおかしくない状況下での命をかけた交渉でした。こうした彼の巧みな戦略とその血統が功を奏し、天皇家の国家統一に向けた段取りが整ったのです。

日本武尊から妻の宮簀媛命へ渡された剣

東国出征から戻った日本武尊は、尾張国の宮簀媛命と結婚して婿入りします。二人は、現在の熱田神宮がある場所で暮らしました。

私の神事によれば、当時の地主だった度会《わたらい》氏のはからいで、この地に新居と土地が提供されたのです。敷地内には屋敷のほか、宮簀媛命は巫女だったので、彼女の祈り場として小さなお宮が建てられました。これが熱田神宮の前身といわれます。

結婚後しばらくして、熱田の地主である度会氏は、宮簀媛命に対し「実家に帰ってほしい」と頭を下げます。新羅系から百済系へ、天皇家の体制が大きく代わるタイミングで、熱田のお宮に三種の神器の一つである草薙剣を祀ることになりました。そのため先住民の血統だった宮簀媛命は、敷地内に暮らすことが許されなかったのです。

宮簀媛命を熱田の地に招いた度会氏本人が、「どうかここを退いてください」と伝えることはどんなにつらかったことでしょう。それでも、天皇の命令に背くことはできません。夫である日本武尊も異を唱えることはありませんでした。

宮簀媛命と向かい合った度会氏は、「申し訳ない」という精一杯の気持ちを込めて土下座をしたのです。その思いをくみ取った宮簀媛命は、里へ帰る決心をしました。宮簀媛命も度会氏も大変な知恵者であり、土地と民、そして日本武尊を守ることを第一に考えたからこその究極の決断でした。

しばらくして、日本武尊は元豪族の仲間に伊吹山まで呼び出され、闇討ちにあって命を落とします。武力に長けた日本武尊も、信頼できる相手と思っていた者たちの裏切りには為す術がありませんでした。

私が熱田神宮ではじめて神事を行った際に、日本武尊の御魂があらわれ、「この剣を妻の宮簀媛命に渡してほしい」と頼んでこられました。細やかな装飾が施されたその剣は、エネルギー体でしたが、とてもリアルで立派な品でした。私はその剣を受け取り、宮簀媛命が祀られている愛知県の氷上姉子《ひかみあねご》神社へさっそくお届けに参りました。

愛する妻を実家へ帰し、その後に別れを告げずこの世から去ってしまったことを悔いている様子だった日本武尊。その思いを昇華させるために、私は熱田神宮へ呼ばれたのです。宮簀媛命の御魂も、剣という愛の結晶を受け取って喜んでおられました。

神話には、そのストーリーの裏側に真実が秘められています。すべて嘘とはいいませんが、必ずしも記紀の通りではないのです。

陰陽の形が生み出す勾玉の神力

鏡や剣に比べると伝承が少なく、出自についても曖昧な勾玉。分身がつくられることもなく、三種の神器の中ではどこか格下の扱いを受けています。

ちなみに、宮中に祀られている勾玉の正式名称は、「八尺瓊勾玉《やさかにのまがたま》」。天照大神が岩戸に隠れたとき、玉祖命《たまのおやのみこと》がつくり、天照大神を導き出すための道具として、八咫鏡と一緒に榊の枝にかけたといわれています。

もしも日本が武力（剣）だけで統一された国家だった場合、いまごろ争いに負けて別の国になっていたかもしれません。

史実として伝わるのは勝者の思いですが、闇に光をあてる月読命の存在によって敗者の思いもくみ取られ、子々孫々まで伝わっていきます。

月には、命を生み出す役目があります。その月の神力を守ってきたのが出雲の人たちです。彼らは陰と陽の両方の力をもっています。

日本の特筆すべきところは、「鏡・剣・勾玉」の三位一体になった神力が働いていることです。そして、天照大神の「陽の力」と、月読命の「陰の力」が表と裏でしっかりとバランスを取っている。これが日本の神力のすごさです。

宮中に祀られた三種の神器の一つである勾玉も、陰と陽を合わせて一つの神力が発揮され、完全なる調和が生まれます。陰の中に陽があり、陽の中に陰があるという陰陽《おんみょう》の形は、片方だけでは成立しません。

陰と陽の両方のエネルギーが完全に揃うと、プラス100とマイナス100が合わさってゼロになって消滅します。これを「陰陽相殺」といい、この状態を「宇宙」と呼びます。

私たちのいる物質世界は3次元です。物の形にはすべて理由がありますが、勾玉とは、5～6次元の悟りのパワーを3次元で使うために降りてきたツールなのです。現在は人々の意識がさらに進化しているので、勾玉を通じて7次元、8次元のパワーを使えるようになるでしょう。ただし、そのためにはチャンネルを動かすことが必要になります。


勾玉の形は、中国大陸の文化である陰陽道から来ていますが、じつは、勾玉の「形の文化」は中国を経由してヨーロッパから伝わってきました。

陰陽の形
(出典：ウィキペディア)

これは、誰かがふと思いついたものではありません。神託によって地上世界に降ろされた形なので、非常にパワフルな神力が宿っています。勾玉の他にも六角形や宝石など、相当な神力が宿る形もあるのです。

神力を伝授するためにつくられた勾玉は、「丸」の部分と「はね」の部分で構成されています。

この「はね」には、「魔をはね、邪気をはね返す」という意味があります。しかも、「強くはねる」のではなく、「丸めてフワッとはねる」というやり方です。

魔や邪気をいったん受け止めて、「クルッと丸まってはねる」というエネルギーの受け流し方をあらわしています。剣で突くなどの敵対する力技ではないので、物事がスムーズに運びやすいのが特徴です。

また、この陰陽の形は常に振動しています。

ある日のこと、私が宇宙の創造主と対話をしていると、突然のように陰陽の形が映像となって目の前にあらわれました。

まずは鏡のような白い円が浮かび上がり、白い部分と黒い部分に分割されて白の中に黒い点、黒の中に白い点が加えられ、あっという間に陰陽の形が再現されたのです。そのマークは生き物のように動めいていました。

ただの白い円と陰陽の形では、当然ながら、もっている意味や発しているエネルギーが異なります。紙に書いてみるとそのことを実感できるでしょう。

私たちの背骨もＳ字に弯曲しているからこそ、それがクッションとなって複雑な体の動きに対応し、負担を軽減してくれます。それと同じように、陰陽の形も振動しながら柔軟に変容しているのです。

ヨーロッパから出雲に伝えられた勾玉

２０１５年12月、私は島根県の日御碕《ひのみさき》神社と鳥取県の美保神社に参りました。

以前の神事で、ヨーロッパから南方の国々をまわり沖縄・九州を経由して、これらの岬に到着した古代の巫女集団のことを知ったからです。彼女たちは中国系ではありませんでした。

巫女集団を乗せた船は、日御碕神社の先にある海岸に到着し、このとき大切なものが出雲の国に運ばれました。その後、出雲の先住民が海岸近くの祠から古代の神宝を発見しました。それが「御柱《おんばしら》」「勾玉」「紫色で楕円形の香炉」です。

これらの神宝は、かつてこの地に渡来してきた巫女集団が祭事で使っていたものであり、現在も出雲

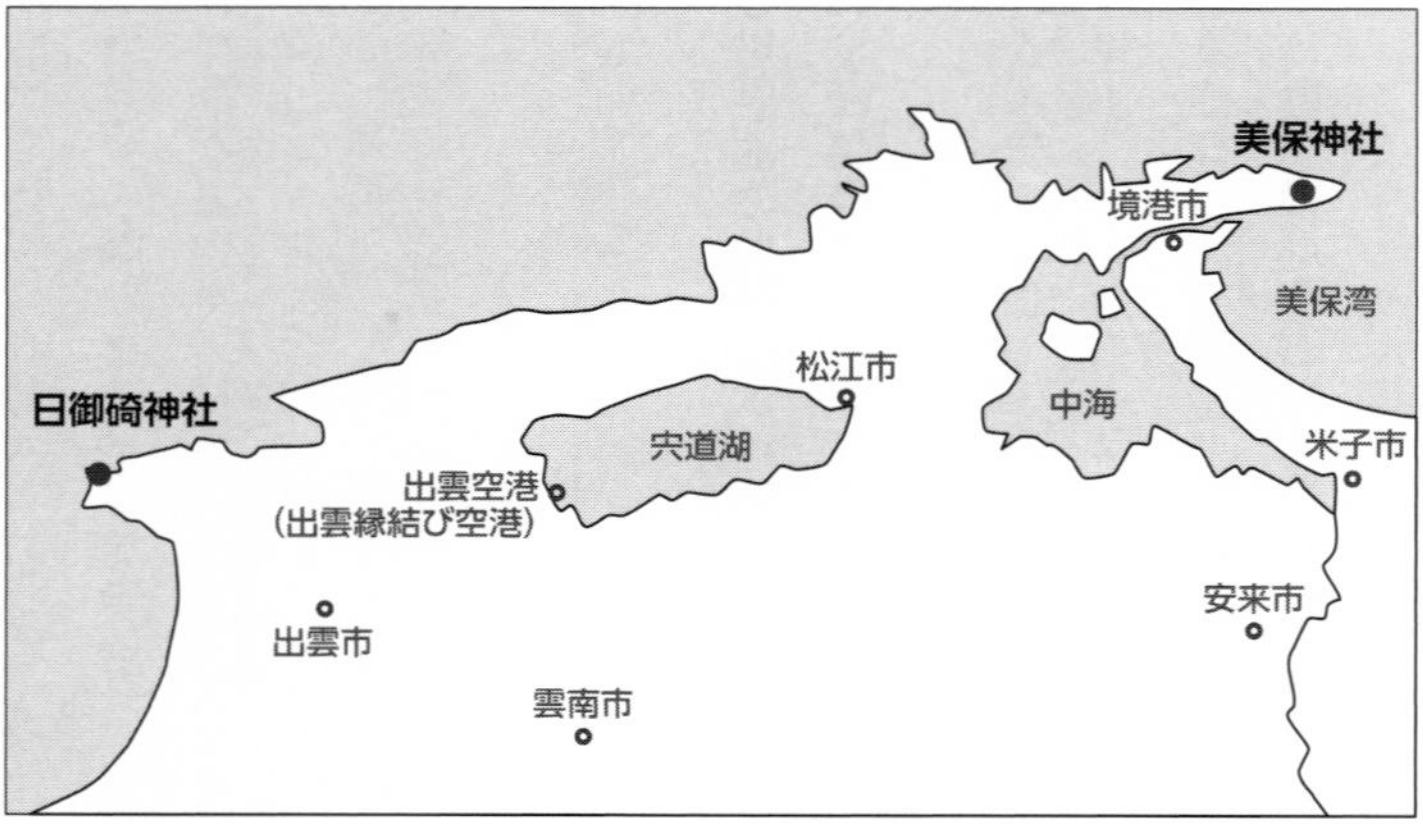

大社で保管されているそうですが、その存在は高い位の神官しか知り得ません。

書物には記されていて、神力が伝承されたことは確認しましたが、私の祈り仲間の神官にたずねても「どこに隠されているかはわからない」とのことです。神宝の存在はトップシークレットなのでしょう。

琉球王国末期を舞台にしたＢＳ時代劇『テンペスト』をご覧になった方もいると思いますが、劇中に登場する聞得大君《きこえおおきみ》は、ひと粒が３～５㎝もあるメノウの勾玉を首にかけていました。この首飾りが最高位の神女《のろ》の証しであり、勾玉は、国王と琉球全土を守護する霊力そのものでした。

私は、かつて沖縄でこれと同じくらいの大粒な勾玉を首にかけた神女と出会い、島内の聖地で一緒に拝みをしたことがあります。

そのとき、私の中に神霊が強くかかって意識が飛びそうになったのです。すると、何かを察知したその神女が、私の首にサッと自分の勾玉をかけてくれました。そのおかげで私にかかっていたものがサーッと体から抜け、危うく難を逃れました。

このように驚くべき霊力を発揮する勾玉ですが、私の知る中でもっとも力があるのは「出雲型勾玉」です。

勾玉の一般的な形は、穴の開いている部分が丸くなっていて、尻尾の部分は跳ねるように尖っています。しかし、出雲型勾玉は尻尾の部分もふっくらと丸みを帯びていて、尖っていません。非常に均整のとれた美しい形です。

出雲型勾玉は、出雲大社が認定している企業で製造されていますが、私が運営しているWEBサイト「地球創生WEBSHOP」でも、同じ会社に製作を依頼をして「出雲型勾玉」を販売しています。

出雲の地では、古来よりさまざまな鉱物を採集してきました。

鉱物に秘める力を重んじたのは、ヨーロッパの概念です。なかでも古代からヨーロッパを中心に世界各地で別格品として取り扱われてきたのが、緑色のメノウです。渡来人を通じて日本に入ってきた最初の勾玉も、緑色のメノウ製でした。

その後、勾玉は高位な人の装飾品として日本各地に広まり、軟石のメノウは湾曲に成形しやすいという利点もあり、どんどん勾玉がつくられました。

とくに良質な緑色のメノウが採れた出雲では、勾玉の産地としてたくさんの職人たちが集落をつくって暮らしていました。古式に則り、独特な形を継承している出雲型勾玉は、皇室への勾玉献上の儀式などにも使われています。

神力元の勾玉を明け渡した出雲の国譲り

勾玉の形ですが、頭の丸い部分は太陽（光）を表し、尻尾の尖った部分は月（闇）を表しています。古代人は、太陽と月が重なり合い、ひとつに統合されたものを「大いなる宇宙」として崇拝してきたのです。

また、生命エネルギーも勾玉から生み出されます。勾玉には精子と卵子、男と女という意味も含まれ、命を生み出す力そのものが宿っているからです。逆にいえば、陰陽のエネルギーを使わないと命は生み出されません。

前述した通り、日本を最初に統一したのは大国主命がおさめる出雲国でした。大陸からのさまざまな知恵や技術を伝播しながら、日本海側から北陸、東北地方へと勢力を拡大。日本各地の開拓を進めたのです。

その出雲国では、大国主命が四国より奪ってきた須佐之男命と大巫女たちの神力により、太陽（天照大神）と月（月読命）の両方を祀っていました。

しかしあるとき、新興勢力である百済族（のちの伊勢族）が出雲族に対して屈服を迫ってきました。『古事記』によれば、高天原から葦原中国《あしはらのなかつくに》を見下ろしていた天照大神が、「自分の子孫である神々こそが、地上世界をおさめるべき存在だ」と考え、大国主命に国譲りを求めたとあります。

天照大神の使者である建雷命《たけみかづちのみこと》が出雲の浜に降り立ち、「国を譲れ」と威圧的に睨みをきかしてきました。そんな中、大国主命の息子として描かれている建御名方神《たけみなかたのかみ》がこの申し出に抵抗。建雷命に対して戦いを挑みましたが、あっけなく敗退したのです。大国主命のもう一人の息子として描かれている事代主神《ことしろぬしのかみ》は、父に対して「天照の一族に国を譲りましょう」と進言し、両者は争うことなく国譲りで折り合った、という神話のストーリーです。

これにより、太陽（天照大神）の神力は出雲族から伊勢族へ明け渡されました。国をまとめて導くには太陽の光が必要です。日本をおさめるものは、武力でも財宝でもなく、光の神力だからです。

出雲族から伊勢族への国譲りの意味は、光の神力、つまり天照大神に代表されるマスター・エネルギーの譲渡でした。

私の神事によれば、国譲りの際、巫女集団が出雲に運んできたという勾玉が三種の神器の一つに加わり、天照大神の神力とともに伊勢へ明け渡されました。現在は宮中にあるとされる勾玉ですが、もとは出雲の宮に奉安されていました。

鏡・剣・勾玉とぞれぞれが異なる場所に置かれながら、三種の神器の神力を一つにまとめるのは、「母なる命の元」ともいえる天照大神の母性。日本神道の信仰ベースになっているのは、この普遍的な「母の愛」なのです。

天皇家は男系を継承する世界最古の王家・王室であり、その血統を今後も途絶えさせるわけにはいきません。そして、天皇家のルーツをさかのぼれば、そこには出雲族の血が間違いなく入っています。

出雲国をおさめていた大国主命は、なぜ戦わずして伊勢族への国譲りを許したのか。その背景には、国譲りを迫った伊勢族のトップと大国主命それぞれの母親が同一人物だったという事情がありました。二人は種違いの兄弟だったのです。

よほどのことがなければ、日本を一つにまとめた親分がその国を簡単に明け渡すようなことはしません。ただし、母親が同じであれば話は別でしょう。なぜなら、男たちの絶対的な神は「お母さん」だからです。

日本は、母親をトップに祀ってこそ、男が頑張れる国。そして、八百万の神の最高位である天照大神は、「母なる命の元」としての母性の象徴です。

日本の歴史では、男たちの戦いがくり返されてきましたが、その裏には母親を絶対視する国の本質があります。まさしく日本は、命を育む母の愛で守られている国なのです。

天照神事による出雲と伊勢の統合

天皇家のルーツには3つの血筋あるとご説明しました。

男系には新羅族と百済族という2つの血筋があり、母系には「沖縄からの血筋」がありま す。この母系の血筋には、天皇家の神力元である大巫女が関わっていますが、その存在は歴史の表舞台から消されています。そして、この母系の血統は沖縄から九州、出雲、伊勢へとつながっていました。

実際のところ、これらの地域で伝承されている文化や風習はよく似ています。沖縄の神人《かみんちゅ》たちは、出雲系文化について肯定的に受け止めていますが、伊勢系文化については「嫌いだ」とはっきり否定します。

そんな祈り仲間と神事を行う中で、天皇家の隠された「沖縄からの血筋」についても明らかになりました。

沖縄―九州―出雲―伊勢へとマスターの思いをつないだ巫女集団。天皇家の裏の歴史をすべておさめるため、２００９年、私は天照神事を行いました。これは宮古島の新城定吉さんから頼まれたことがきっかけになりました。

天照神事の目的は、出雲大社が祀っている勾玉のエネルギーを伊勢神宮に届けること。海側にあたる出雲の場所には御柱と勾玉があり、その神力を伊勢の地におさめて宇宙の創造主の思いを一つに統合させるのです。

宮古島から沖縄本島にかけての神事は滞りなく行われましたが、出雲と伊勢では手間取ることも想定していました。しかし、いずれの聖地でも神事は不思議なほどスムーズに進んだのです。

出雲大社では、神々が、何にもいわずにスーッと勾玉のエネルギーを差し出してきました。伊勢神宮でも、勾玉のエネルギーを静かに受け取ってくれました。拝殿中央に天照大神を守る巫女があらわれ、その後ろにも大勢の巫女たちが整然と並んでいます。中央の巫女が「ご苦労様でした」といい、スーっと勾玉をおさめてくれたのには拍子抜けでした。

天照神事が終わってすぐ、私のまわりの人たちの思いが急に変わりました。伊勢族と出雲族の敵対心が、この神事によって外れたからでしょう。

第4章 神を運んだ大巫女たち

マスターの思いを受け継ぐ第1期・母神信仰時代

これまでに私は日本各地で神事を行ってきましたが、いつからか「大巫女」という言葉を使うようになりました。

たとえば、奈良県桜井市にある大神《おおみわ》神社のご神体である三輪山には、これまでに出会った中で最強の神力をもつ大巫女の御魂がいらっしゃいます。関東では、茨城県の鹿島神宮および千葉県の香取神宮に、渡来系の安房族と縁の深い大巫女の御魂がいらっしゃいます。また、兵庫県の淡路島南部にある諭鶴羽山《ゆずるはさん》には、日本最古の国王と王妃の御魂がいらっしゃいますが、この王妃も大巫女でした。

これらの大巫女たちは、初代・神武天皇が即位するよりもずっと以前、天照大神の神力を伝えるために日本へ渡来しました。はるか昔のことなので、大巫女についての記述は歴史書にありません。

神事の中で私は幾度となく大巫女の御魂と対話をしてきましたが、彼女たちから教わったのは命を生み出す摂理でした。言い換えれば、すべての存在は「母なる命の元」から生まれたということ。この概念は、約6000年前の古代エジプトで発祥した母神《ははがみ》信仰につながります。歴史的にもっとも古い信仰のあり方になります。

しかし、イエス・キリストが十字架にかけられた２０００年ほど前から、時代の流れが大きく変わりました。その時期を境にして、人類は全世界的に男系社会の価値観となり、家長が絶対的な権限をもって家族を支配・統率するようになりました。

人類の歴史を見てみましょう。約６００万年前、人類は地球上に出現し、約25万年前には食糧を確保したり、身を守るための道具を使うといった知恵が生まれたといいます。

このように動物に近い存在から人間らしい知恵が育まれていった過程には、人類の魂の進化と成長がありました。

私たちの魂は過去世や宇宙時代の記憶を消され、再びこの世に肉体をもって誕生します。それでも魂が肉体に入るときに記憶の一部が消えずに残ると、ある日突然、魂に宿る記憶がよみがえることがあります。

じつは命を生み出す母親の多くが、このような体験をしています。母親たちが出産や子育てを通じて母性を育むことで、自然と過去世や宇宙時代の記憶を思い出し、「母なる命の元」という概念を現代につないでいくのです。

宇宙カルマを超える母神信仰とその目的

宇宙の創造主から啓示を受けた大巫女は、母神信仰を広めるという目的をもって世界各地から日本に向かいました。陸路でやってきた大巫女もいれば、船でたどり着いた大巫女もいます。いずれの場合も、驚くほどの時間を要したことは間違いありません。使命を果たそうとする熱い思いがあったので、まだ見ぬ土地を目指して命がけで移動してこられたのでしょう。

約6000年前のわが国で、大巫女の渡来によってはじまったのが母神信仰の時代です。母神信仰は古代エジプトにはじまり、東方へ運ばれてきました。

大巫女が東へ移動した表の理由は、ヨーロッパなど西の国から生まれた知恵や技術を世界各地に伝え、自分たちの権力支配を徹底させることでした。その一方で裏の理由は、先ほども述べた通り、宇宙の創造主の「大いなる目的」を達成させることでした。

大巫女の渡来ルートは、大きく分けて次の2つがあります。船に乗ってエジプトからインド、東南アジアをめぐり、沖縄を経由して太平洋側から日本に入った一団。同じく、沖縄を経由して日本海側から日本に入った一団。いずれも沖縄の島々に立ち寄っていますが、当然ながら、この史実を文字として残した資料はありません。かつての琉球民族が先祖からの口伝を記録として残した文献も、すべて権力者に奪われ、燃やされてしまいました。

ところで、母神信仰を中心とする当時の女系社会は、映画『アマゾネス』に描かれたストーリーのように、民衆を統率して支配するリーダーは常に女性でした。かたや男性は、女性にとっての奴隷であり子種。この頃に男女平等という概念は存在しませんでした。

母神信仰の大きな目的は、まさに子を産み育てること。命を生み出して後世に自らの遺伝子をつなぎ、その結果として世の中が繁栄し、人類は生物としての進化を遂げていくことができます。

すべての生命は海から生まれましたが、その進化の過程では、繁殖のためのオスとメスといった性差が不可欠です。人間にも男と女という性別がありますが、母神信仰時代には、男女比でいえば女性が大半を占め、男性の数はわずかでした。結婚という社会制度もなく、人類は本能的に子どもをつくり、命をつなぐことを継承してきたのです。

アマゾネスとはいえ、この時代の神は女神《めがみ》ではなく、あくまでも母神《ははがみ》であることを間違えないでください。マスターの意志を引き継ぐのは、命を生み出す母を置いて他にはいないのです。

巫女は常に集団で行動しますが、その大きな理由は、伝承すべき事柄のすべては文字ではなく、巫女から巫女へと口伝されるからです。

彼女たちは、全国各地を移動しながらマスターの思いを先住民に伝え広めました。ときには移動先の土地に定住し、先住民の男性とのあいだに子どもをつくりました。何世代にもわたり、時間をかけて役目を果たしてきたのです。

こうした巫女たちの忍耐強い行動力があって、約6000年前の日本には母神《ははがみ》信仰が根付きました。それから約2000年の月日が経って母神信仰の時代が去り、約4000年前に男女神信仰の時代を迎えましたが、イエス・キリストが十字架にかけられた2000年ほど前から男神信仰の時代に変わり、現在に至ります。残念なことに、この2000年間は民族同士の争いが絶えません。

平等の精神がいきづく第2期・男女神信仰時代

それではなぜ約6000年前からはじまった（宗教も政治も女性が支配した）母神信仰の時代が、約4000年前、男女神信仰の時代に移り変わったかをご説明しましょう。

人間は知性が発達すると、そのぶん欲も出てきます。物や権力を奪い合うことが増え、女性たちは自分の身を守るためにも、身体能力の高い男性に頼らざるを得なくなりました。そのタイミングで、知恵のある男性が「男の地位の向上」を条件として女性たちを守ると約束。そして男性たちは、これまでの奴隷という立場から解放されました。

男性は、ようやく人間として認められるようになりましたが、それでも宗教と政治は女性が実権を握ったままでした。

敵と戦うための戦力を強化した男性たちは、組織としての軍隊をつくりました。しだいに「母の命を守る」うえで男性の戦力が不可欠となり、ますます男性の地位が向上。それまでは母神の銅像を信仰対象としてきましたが、男性からの要求を受け入れるかたちで、男神の銅像もつくり、母神と並んで祀るようになりました。

このような流れで母神信仰から男女神信仰の時代へと変わりました。

母神に並んで男神を祀ったことにより、軍隊の士気が高まり、女性たちも（男性たちに守られながら）安心して暮らせるようになりました。女性たちが、交換条件として「男性の地位向上」を受け入れたことは賢い選択だったといえるでしょう。

ただし、宇宙の創造主の思いを降ろせるのは、あくまでも女性、母であり巫女でした。男性たちは、武力では勝っていても神の思いを降ろすことはできません。そのため、実権は依然として女性のリーダーが握っていました。

男女神信仰の時代には、男女とも平和な暮らしが続きました。私の神事によれば、母神信仰の時代は約2000年間、男女神信仰の時代は約千数百年続いたようです。

一般的に宗教は、「信仰心を用いて民衆をうまく支配するための道具」という側面があります。崇める共通の対象があることで、民衆を一つにまとめることができるからです。

また、「宗教」と表裏一体なのが「政治」です。その仕組みは古代も現代もあまり変わりありません。宗教と政治（権力）の一体化は、魂を進化・成長させるうえで人間が編み出した知恵ともいえるでしょう。

それ以前の狩猟を中心とした時代には、自然に対する信仰心はあっても、拝む対象は山や海、樹木や岩だったため、「母なる命の元」を崇める母神信仰とはその概念が大きく異なりました。

母神および男神は、人格神信仰です。自然物に比べると拝む対象が明確になり、願いごとも聞き入れてもらいやすかったことから、人格神信仰は土着の民のあいだで急速に広まりました。

宗教という概念は、大勢の民衆を管理・支配するのに都合がよかったため、瞬く間に全国へと波及したのです。

第3期・男神信仰時代とこれから迎える世界

男女神信仰にもとづく男女平等の平和な時代は、突然のように終焉を迎えました。続いて、男神信仰の時代がスタートしたのです。

軍隊をもった男性たちは、神への信仰よりも強い団結力で一つにまとまるようになりました。そして、男女平等とはいえ政治と宗教の実権をわたさない女性たちに対し、武力で脅してきたのです。

「なぜ、俺たちが女の言う通りにしなければならないのか。男たちが武力で国を守っているというのに、まるで道具のように扱われているのは納得がいかない！」というのが男性側の言い分でした。

こうして男性たちは、母神像をすべて破壊しました。信仰を崩すには、拝む対象と組織のトップを葬り去るのが手っ取り早かったからです。

暴動によって男性と女性の力関係が逆転し、政治の担当は男性に変わりました。もちろん、軍隊による権力も男性の支配下です。

しかし、男女神信仰の一つである母神信仰だけは、銅像や石像を破壊しても女性から奪い取ることはできませんでした。なぜなら、宇宙の創造主の思いを受け継いでいるのは、命を生み出す母親しかいないからです。

神の思いをそのまま降ろせる女性がいなければ、国の統治に神力をいかすことができません。そのためには大巫女という存在が必要でした。

日本人に生まれた人の多くは、母神信仰─男女神信仰─男神信仰といった各時代での経験を魂が記憶しています。ここ２０００年ほど続いている男系社会では、女性が不利な立場になることも少なくありませんが、じつは母神信仰の時代、男性と女性はまったく逆の立場にありました。

近い将来、私たちが第４ステージを迎えるにあたって、日本人の一人ひとりがこうした魂の記憶を思い出すことが大切になります。

現在、全世界的な傾向として約２０００年間続いた男系社会が終わろうとしています。矛盾がいろいろと吹き出し、その仕組みが破綻しかけているのです。とくに日本の場合は、他国よりも速いペースで男系社会の構造が崩れ去ろうとしています。迷える男性たちをどこへどう導くか、女性たちも悩み、模索しているところなのです。

歴史を振り返れば、およそ２０００年というスパンで時代は大きく転換してきました。母神信仰─男女神信仰─男神信仰といった３つの時代は、地球だけでなく、この宇宙に存在する他の星でもくり返されています。

過去の同じあやまちをくり返すのであれば、魂の進化は望めません。今回は、かつての母神信仰時代を超えるほどの高みに到達する必要があるのです。

魂が経験したことを思い出し、母神信仰という原初キリスト意識に立ち返ってみてください。過去の失敗を超えるのが第４ステージなのです。

ムーとアトランティスが消滅した原因

ムーやアトランティスの話に少し触れますが、１万数千年ほど前、あれほどの栄華を誇っていた超古代文明が、わずかな期間であっけなく消滅してしまいました。

まずはアトランティスがなぜ崩壊したかというと、あまりにも高度で繊細なエネルギーを扱う文明に発展し過ぎたためでした。

アトランティス時代にすべての意識をコントロールしたのは「水晶塔」の存在でした。それを守る最高ランクの巫女が、ほんのわずかな優しさと純粋さによって過ちを冒したことで、エネルギーを司る水晶塔が破壊され、アトランティス全体のエネルギーが消滅してしまいました。

ちなみに、アトランティスの意識体は地球の上空に浮かんでいるので、いまでもすぐにつながることができます。

ムー文明については、宇宙からのサポートを受け、自然とテクノロジーをうまく融合させた暮らしを実現していましたが、そのパワーバランスが壊れて一晩のうちに海に沈みました。ムーでのエネルギーバランスを司っていたのは、意識をコントロールし進化させるための「次元上昇ノブ」でした。その操作を誤ったために一晩で海底に沈み、文明は崩壊しました。海底にあるムーの意識体ともっとも強くつながっているのは、沖縄県の宮古列島ですが、そもそも日本人はムーの意識体からの影響を大きく受けています。

歴史に名を刻むことのなかった2つの超古代文明は、その後に起こった古代エジプト文明に関係しています。ムーやアトランティスだけでなく、地球創世期からのすべての記憶が古代エジプト文明と深くつながっているのです。

中学生での幽体離脱体験とツタンカーメン

エジプトといえば、私は中学生のときに興味深い体験をしました。

就寝中にふと目が覚めると、部屋の天上近くまで体が浮いているのです！　そこから自分が寝ている姿をぼんやりと眺めていました。

そう、突然起きた幽体離脱体験でした。最初、自分は死んだから浮いているのかと思いましたが、寝ている自分は生きているようだったので、「あれ？ 生きている。じゃあなぜ、自分がここに浮いているのか？……」と不安に思った瞬間、意識がスッと自分の体に戻りました。

この幽体離脱体験によって、「次は自分の行きたいところに飛んでいこう！」と心に決めていました。

そして、2度目の幽体離脱が起こると、「まずは外に出て、友だちの家に行きたい！」と念じました。そして、自分の家の上空から友だちの家まで飛んでいき、何人かの友だちの寝顔をそっと覗いたことを覚えています。

その頃の私は霊感が鋭く、また本を読むことが嫌いな中学生でした。歴史の本に目を通しても、そこに書かれてある内容の多くが「真実とは違う」と感じてしまうので戸惑いがあったからです。

それでも、社会の教科書に載っていた古代エジプトのツタンカーメンの写真を見たときは、心臓がドクンドクンと波打つほどの衝撃が走りました。

本を読むことは嫌いでしたが、「ツタンカーメンのことをもっと知りたい」という好奇心のほうが先に勝ち、図書館にあった古代エジプト関連の本を片っ端から読破したのです。

しかし、どの本の内容もピンとはきませんでした。そして、「次に幽体離脱をしたら、エジプトに行ってみよう！」と思いついたのです。

3度目の幽体離脱のとき、「私はエジプトにいる！」と強く念じると、エジプトに瞬間移動していました。上空を飛びながらピラミッドのそばまで近づき、その石面にピタッと手を触れてみました。ひんやりとしたその感触は、肉体があるときと同じようにリアルなものでした。

ピラミッドに続いてツタンカーメンの墓に行き、「彼と話がしたい」と願いましたが、結局は墓の場所がわからず、やむなく自分の肉体に戻ってきました。

その数日後、私は夢の中でツタンカーメンの目を通して、彼が歩んだ人生のストーリーを映像で見せられたのです――。

ツタンカーメンは14～15歳で他界していますが、私の心の映像にあらわれたツタンカーメンは、見た目が12～13歳でした。彼は生まれながらにして物事を見通す神力を授かっていて、何ごともすべて予知できました。

彼の父親は一国の王様でした。その王様が敵国に戦いを挑もうとすると、息子であるツタンカーメンが「負けるから止めたほうがいい」とアドバイスをするのです。その言葉を無視して出征すると、ツタンカーメンの予言が的中。見るも無残に敗れ去ってしまいます。そのようなことがくり返され、しだいに父親である王は、息子のツタンカーメンを怖れるようになりました。

その父親は、権力を利用して側室をたくさんつくり、金銭欲を満たしていましたが、そういった道理に反した父親の振る舞いをツタンカーメンはすべてお見通しでした。

ツタンカーメンの驚くべき能力を見抜いたのは、父親の側近である高位の神官たちでした。古代エジプトでは男性の神官たちが王様を守る役目をしていましたが、そんな神官たちでも大した神力はもっていませんでした。

権力構造の中で位が高い神官たちは、自分にとって都合の悪いことまで見抜いてしまうツタンカーメンの存在は邪魔でしかありません。なにより、神官なのに神力がないという事実が王様にバレることを怖れていたのです。

そのような理由から、ツタンカーメンは常に命を狙われていました。

生まれながら体が弱かった彼は、体調を維持するために毎日聖水を飲んでいましたが、その水に毒を混ぜられて殺されたのです。

犯人は、神官のうちの一人でした。しかも、この殺害に手を貸したのは王様の側室でした。王様からいちばんの寵愛を受けていた側室の女性も、神官たちと同じ理由でツタンカーメンを怖れていたからです。

彼女は、ある神官に「ツタンカーメンの神力のせいで、あなたの命が危ぶまれている。だから、いまのうちに何とかしなければならない」とそそのかして殺害を実行させたのです。

ずば抜けた予知能力があったツタンカーメンは、自分が殺されることをすべて承知していました。わかっていて、自らの運命を受け入れたのです。

神力は隔世遺伝で伝承される

ここで大事なのは、父親である王様はツタンカーメンのような神力をもっていなかったということです。息子の予言を無視したことから推察すれば、神力などは信じていなかったのかもしれません。神力は、信じていなければ弱まります。それは当時の神官たちにも同じことがいえるでしょう。

祭事では、王家の神秘的な力を見せつけるためにさまざまな演出が凝らされますが、王様自身が神力を信じていなければ民衆には伝わりません。

古代エジプトでは、このような事情で王様や神官の神力がどんどん弱まり、子々孫々へと伝承できない時代が長く続きました。神力が働かない状態での武力による国の統治が続き、いよいよ乱世に突入しようとしたとき、ツタンカーメンのような「神の子」が誕生したのです。

彼は、生まれもった能力で過去や未来の出来事はもちろん、人の心までお見通しでした。とてつもない神力にまわりが怖れおののき、結果として命が奪われましたが、父親である王様には「病死」とだけ伝えられたようです。

王様の息子なので丁重に葬られましたが、まわりが恐れるのはその祟りです。そして、祟りをおさめるために使われたのが、かの有名な「ツタンカーメンのマスク」でした。

金色に輝く顔の付近にはシマ模様がありますが、あの部分に封印が施されているそうです。たくさん埋め込まれているのは、当時最高の霊石だったラピスラズリ。約５０００年も前のことですが、ツタンカーメンの墓はたくさんのラピスラズリで飾られていました。


ツタンカーメンの話でもそうですが、神の思いを直接地上に降ろすには神力が不可欠です。たとえば、母神信仰時代の大巫女たちは大きな神力をもっていましたが、すべての巫女に神力があったわけではありません。訓練しても身につかない巫女もいます。神力は代々伝承されるものなので、こればかりは訓練してもなかなか身につきません。

母神信仰時代のトップの座にいた女性は、大巫女であるとともに政治も司っていました。つまり、神力と権力を併せもっていたので民衆のコントロールが自在にできたのです。

男女神信仰時代になると、一人の人間に神力と権力が集中することは減り、みんなで支え合うようになりました。

男神信仰時代では、女性（巫女）は神の思いを体に下ろす「神降り」しか担当しなくなりました。ほとんどの神官は男性でしたが、神力のある者はわずかでした。

しかし、時の権力者に神力がないと民衆をコントロールすることができません。そこで考えられたのが、最高の神力をもつ女性（大巫女）に権力者の子どもを生ませることでした。命の元である「母系の血筋」を使って神力をつなぐという方法です。王家に神力がないまま武力支配を続けていくと、いずれ国家は滅びます。しかし、王家の神力が復活すれば、民衆から畏敬の念を集めて国家安泰につながるのです。

こういった神力のある女性を「母系の血筋」として王家に取り込む神力伝承の方法は、世界中どの国でも実践され、日本の天皇家も導入してきました。

ただし、生まれた子どもの全員が神力を受け継ぐわけではありません。通常、神力は隔世遺伝で伝承されます。たいがい王様の実子には継承されないものなのです。

ラピスラズリ・翡翠・水晶等のパワーストーン

ツタンカーメンの祟りの封印としても使われていましたが、古代エジプトの霊石としてはラピスラズリが知られています。水晶は、そのあとの時代に発掘されました。

ラピスラズリは霊力の強い石ですが、クラックがなく鮮やかな青に金が入っている、そんな高品質のものは現在ほとんどお目にかかれません。手に入るとしても非常に高価です。

私のイメージですが、ラピスラズリの振動数は強くて太く、人の念の100倍、いや1000倍はある霊力の塊です。この石をもっていると霊的開花が促されますが、体質に合わないと精神がおかしくなる場合があります。この石を扱える人はそう多くなく、普通はラピスラズリの力に負けてしまうのです。

また、母神信仰時代の最高級の霊石といえば、翡翠《ひすい》でしょう。もっとも高品質な翡翠は緑色で、次がピンク色です。

緑色の翡翠は、当時の女王または王女しかもてませんでした。そのため、現在でも女王のように気位の高い女性が好んで身に着けているようです。

ラピスラズリと同様に、翡翠も持ち主の魂と同調する霊石ですが、どちらかといえば周波数は柔らかく、女性性の強い石です。霊力はさほど強くないので扱い方次第ですが、気の荒い人がもてば石が負けて割れてしまうでしょう。

現存する石の中でもっとも波動が高いのは水晶です。ただし、採集する産地によって周波数やエネルギーはまったく異なります。

私が知る中で、標高約6000mのヒマラヤ山頂で採れた水晶の原石は、極めて高波動でした。標高が高いと、そのぶん石に圧力がかかるからでしょう。同じ種類の石でも産地によって周波数が異なるため、購入する際は手に取ってみて、自分に合う石かどうか感じてみることをおすすめします。

石には、もつ人の魂の記憶を思い出させる機能があります。まさに「魂の記憶を呼び起こす石」なのです。

私がまだ精神世界についてよく知らない頃、札幌にあるカレー店の売店で500円程度の石を見つけ、どうしても気になったので購入しました。以降、私はその石を気に入り、常にポケットに入れてもち歩くようになりました。石と自分の魂が同調することで、非常に勘が冴えるのです。

そのうち潜在意識の記憶が呼び起こされたのか、自然と霊視能力が開きました。誰かと会話をしていると、その相手の過去世を含めた情報が映像として心のスクリーンに映し出されるのです。

自分と相性のよい石は、魂と同調します。その石の世間的な価値や値段は、魂を呼び起こす力には関係ありません。

その名の通り、「石」には「意志」があります。ペットのように愛情をかけて大事にすれば、その思いに答えるかたちで「意志」を伝えてくるのです。

お互いの思いが連動し、対等な関係でいることが望ましいのですが、ときに持ち主が石へ依存してしまう場合があります。石の思い通りに操られている人もよく見かけるため、できるだけ対等な関係を保つようにしてください。

知恵と技術を星から降ろすシュメールの神官たち

ここでシュメール民族についてご説明しましょう。

私はこれまで、有史以前に栄えた超古代文明も含めて、地球上に興ったあらゆる文明の御魂と交信しています。なかでもシュメール文明については、その時代を生きていたかのような鮮明な記憶があるのです。

約5000～5500年前にティグリス川とユーフラテス川の流域で発生したメソポタミア文明は、一説には世界最古の文明とされていますが、そのメソポタミア文明の初期に興ったのがシュメール民族によって築かれたシュメール王国でした。

あまり知られていない事実ですが、シュメール民族は、古代エジプトや古代マヤといった文明をつくった宇宙意識をもつ集団です。彼らの高度な知恵や技術は、高次元の存在とコンタクトを行うことで得ていました。

その叡智は時空を超えてムーやアトランティスといった超古代文明を築き、私たち日本人のルーツにも多大な影響を与えました。だからこそ、日本人の魂は「3度目の正直」として地球を再生させる役目を担い、再びこの地球、この日本に降り立ったのです。

日本人とは、どのような民族の集合意識体なのか？

日本人の魂は、どのような目的でこの地に集まったのか？

この2つの疑問を解き明かすことが地球創生神事の目的であり、私はこれまで、日本人がもっている地球創生の魂記憶を蘇らせるために活動してきました。

宇宙の創造主の思いに寄り添うには、日本列島にやってきた渡来系民族の歴史をひも解くことが不可欠です。イエス・キリストの生誕よりもはるか昔の約6000年前、ヨーロッパからやってきたいくつかの民族が、他国には見られない「日本人の精神性」のひな形をつくりました。そのうちの一つがシュメール民族です。

彼らは長い時間をかけて、船や陸路でアメリカやオーストラリアなど世界五大陸をわたり歩き、そこに暮らす先住民に大切な知恵や技術を授けました。

日本列島には3つのルートでやってきましたが、そのうちの一つが、南方を巡り、南西諸島から黒潮に乗って北上したルートです。彼らシュメールの神官たちの知恵は大巫女たちにも引き継がれ、その女性の一団を日本では海人族《あまぞく》と呼んでいました。

沖縄本島南部に位置する神の島・久高島では、シュメール民族をルーツにもつ海人族を「五穀の神」として祀ったという記録があります。日本中の豊年祭や収穫祭の習慣も、この民族が伝えた農耕文化の影響によるものです。

そのあと、久米島や宮古島（伊良部島）には鉄器の鋳造技術を伝えた「カニマン」と呼ばれる渡来人が入ってきますが、彼らもシュメール民族をルーツにもつ一団でした。

あらゆる文明の基礎をつくったシュメール民族は、その知恵や技術を宇宙にまたたく星々から授かりましたが、一方で彼らは戦いに弱く、軍隊や武器はもちませんでした。戦うことを望まないシュメール民族は、全人類が同時に豊かになることしか関心がなかったのです。

じつは、私自身がシュメール王国で神官だったという魂の記憶をもっています。当時の様子については、いまも心のスクリーンにリアルな映像となって呼び起こされます。

その映像で見えたのは、シュメール王国での神官だった私が、十数名の神官仲間とともに満天の星空に向けて両手を高く掲げ、拝んでいるシーンでした。一人ひとりの顔は見えませんでしたが、みな黒い正装をしています。

両手を掲げて何をしているのかというと、科学・物理・天文学・地学・鉱物学など最先端の知識や技術を星々から降ろしているのです。

そのときの私は、ある特定の星に向かって意識のエネルギーをつなぎ、情報を降ろしていました。瞬間、大量の数字と計算式が頭の中に流れ込んできました。

必要な情報のすべては、世界最古の占星術によってもたらされます。テレパシーにより高度な意識集団とつながることで、次元を超えたアイデアが次々とひらめいてくるのです。それはまさに新発見の連続でした。

シュメール王国の神官は、とてつもない情報量を星から降ろすことで、自然の摂理をすべて解き明かしました。こうした方法を用いて森羅万象における知恵や技術を授かり、結果として文明が急速に発展していったのです。

シュメール王国で神官に選ばれた人たちは、みな宇宙時代にそれぞれの星で重要な役目を担ってきた、さまざまな分野の専門家でした。

なかでも最初に星から降ろされた知恵は「数学」でした。霊数や数秘術もそうですが、数字にはすべての意味が含まれています。あらゆる知恵や技術は数学が元になっているのです。

日本にやってきたシュメール王国、12名の神官たち

シュメール文明で発達した分野の中で、世界中の人たちが欲しがったのは「錬金術」、いまでいう「鉱物学」の知恵でした。

錬金術とは、石や岩から鉱物を取り出すための技術であり、結果として銅や鉄を精錬することができます。それ以外にも、錬金術を応用することで化学や薬学の基礎ができあがりました。こうしてシュメール文明の錬金術がヨーロッパに伝わり、多くの文明が生まれたのです。

約２０００年前の日本にも、渡来人を通じて錬金術が入ってきました。もっとも近い時代では高句麗から伝わりましたが、錬金術の源をたどれば、その知恵と技術はシュメール王国の神官が生み出したものなのです。

製造した鉄器や青銅器を使用すればさまざまな加工品ができるため、一気に文明が開化して人々の暮らしは豊かになりました。

武力で民衆を支配してきた権力者は、文明の利器を欲しがります。

シュメール王国では、神官たちがすべての情報を宇宙から降ろしていました。そのことは

まわりの国々もよく知っていたので、神官たちを奪い取ろうと他国の勢力がシュメール王国に攻め込んできたことがありました。

そのとき12名の神官たちがいましたが、1カ所にまとまっているとすべての情報を一気に奪われてしまうため、彼らはいっせいに世界の各方面へ散りました。日本の歴史では、彼らのことを「十二支族」と呼んでいます。

シュメール王国から日本にやってきた12名の神官については、ユダヤをルーツとする説もありますが、シュメールとユダヤは同じではありません。のちにユダヤの血も混ざったと考えるのが妥当でしょう。

世界中に散ってさまざまな民族と混ざり合いながら、各地で子どもをつくり、文明を広げてきたシュメール王国の12名の神官たち。そのほとんどは時の権力者の支配下で移住した先の国に仕えてきたのです。

噂では、そのうちの「十支族」（10名の神官たち）が長い時間をかけて日本に入ったとのことですが、私の神事によれば、「十二支族」（12名の神官たち）すべてが最終的に日本へやってきていました。彼らはそれぞれの立場で日本各地を移動しながら、シュメール文明の知恵と技術を先住民に伝えたのです。

シュメール文明の記録は石板により伝承

シュメール王国の12名の神官が世界中に散ったあと、日本で再集結したことはご理解いただけたでしょうか。そしてもう一つ、神事で大事なことがわかりました。それは知恵の伝承方法についてです。

当時も古代文字はありましたが、文字として記録されたものは容易に敵に奪われてしまいます。敵国が攻め入ってきたとき、相手に情報がわたらないように記録を燃やしてしまうことも少なくありませんでした。

そこで考えられたのが「石板」です。

映画『失われたアーク』をはじめ、文字が刻まれた石板という「秘宝」を探し出すアドベンチャー・ストーリーはおなじみですね。

実際にも、古代人が残した石板は世界各地で発見され、それらは驚くような高値がつき、闇で取り引きされるケースもよくあると聞きます。

日本国内でも太古の時代の石板は、かなりの数が発掘されています。ちなみに、シュメール人が伝えたものは何枚もの石板に分けられています。

シュメール王国の12名の神官は、石板に文字を刻み、神から降ろした叡智を世界中に運びました。エネルギーを文字にすると物質化します。石板を土に埋めれば、その土地のエネルギーになります。石板がいずれ風化して土に戻り、そのエネルギーが土地に入るという仕組みです。

そして、文字には書いた人の念が宿ります。ただ記録を残すという役割だけではないのです。たとえば、位牌に書かれた戒名や梵字は、文字の一つひとつに深い意味があります。そのため、位牌そのものが故人の御魂として拝礼の対象になるのです。

思いを文字にして残すという行為は、いまも昔も大変なことです。シュメール文明の時代に生まれた石板は、こうして伝承されてきたのです。

宇宙とつながって情報を降ろす方法

私の御魂は、過去世でシュメール王国の神官だった経験があるとお伝えしました。シュメールの時代に、自分が何の分野を担当していたかは明確ではありませんが、天を仰いで拝むときの時間と方角だけは覚えています。

2003年頃のこと。北海道大学のある学者が「宇宙のフリーエネルギーとつながる方法」を開発していました。その話をご本人から直接聞いたとき、宇宙のフリーエネルギーとどの場所でどうつながるか、映像としてパッと思い浮かびました。ひらめきのままに、「あの場所で、あの星の方角に向けて情報を引き出すんでしょう？」と私がたずねると、彼は心底驚いた表情をされました。

その学者さんは、過去に3度の幽体離脱を体験したそうです。肉体から抜け出て上昇し、ついに自分のすべての過去世を思い出しました。その魂の記憶から「宇宙のフリーエネルギーとつながる方法」を導き出したのです。

フリーエネルギーとそれに関する情報を、地球に送り続けている星があることをご存じでしょうか？

太陽系ではなく、非常に遠いところにある星です。宇宙との対話はテレパシー通信で行います。私の場合、星を眺めているだけで情報が伝わってくるのです。

テレパシーを使った星との交流は、私が子どもの頃から当たり前にやってきたことです。昔、エンリケ・バリオス著『宇宙人アミ』という小説を読んだときに、自分と同じような人たちがいるので嬉しくなりました。

まだ子どもだった私は、見えないものを見たり、感じたりする能力が誰でも普通に備わっているものだと信じていました。そのため、自分を特別な人間だとは思わずに育ってきたのです。

UFOがコンタクトをしてくることも日常の一コマでした。なぜなら「宇宙空間はテレパシー通信のためにある」と本能的にわかっていたのです。宇宙から情報を降ろすことも、何の不思議もありませんでした。誰もがもっている「魂の記憶」は宇宙空間からいつでも、どこにいても降ろせるのです。

卑弥呼に降りた啓示とその意味

世界の文明は、なぜ西からはじまったのでしょうか。

神事でわかったことですが、方角でもっとも強いのは「西」だからです。シュメールの神官は宇宙の星々から必要な知恵や技術を降ろし、まずは西側の文明を発展させました。そして、全人類の希望をかなえるために、賢者を東へ移動させながらその情報を広めていったのです。

なぜ「東」に向かったかというと、東が希望の方角だったからです。

東のどんづまりに位置する日本列島は、まさに最果ての国。長い時間をかけてようやく日本にたどり着いたシュメールの神官と大巫女の一団は、天から降ろした「命の循環とその摂理」を、この日本で天につなぎ戻すことが旅の目的でした。その最適な場所を求めて、彼らは日本各地をわたり歩いたのです。

じつは、卑弥呼率いる一団も同じ目的で日本に入りました。大巫女の歴史でみれば、卑弥呼の登場がもっとも近い年代になります。

卑弥呼に降りた神の啓示は、「この国にある、命の大元とつながる場所を見つけなさい」という内容でした。

そして、何千人もの軍の部隊を従え、たくさんの巫女を連れて卑弥呼は日本にやってきました。九州北部に邪馬台国という国家をつくり、一時はそこに定住しながらも、卑弥呼はずっと「天とのつながりをつくる場所」を探し続けました。最終的に、その目的が達成されたかどうかは明らかになっていません。

しかし、ある日突然、卑弥呼がおさめていた邪馬台国は消えました。これは消滅したのではなく、そのときに九州で勢力を誇っていた出雲族に吸収されたのです。

卑弥呼の一団を吸収した出雲族は島根県に出雲国を平定しますが、のちに国譲りが起きて伊勢族に吸収され、この一件によって伊勢系の天皇家にすべての神力が集まりました。こうして卑弥呼の思いは、現在の天皇家にしっかりと受け継がれたのです。

世界の文明が西からはじまったように、天皇家も西からはじまりました。もともと邪馬台国は九州北部にありましたが、突然のように、九州を一つにまとめた国が東征し、その都を関西へ移しました。九州に生まれ、九州で神の啓示を受けた神武天皇は、この東征により国家を統一。大和地方（奈良県）の橿原宮《かしはらのみや》で初代天皇に即位しました。

なぜ、日本という国家のスタートが九州ではなく関西だったのか。その理由は、国の象徴である天皇家を関西で興すことが、宇宙の創造主の目的を達成させるためにはどうしても必要だったからです。

卑弥呼に降りた啓示とは、「母なる命の大元」である天照大神をこの地から天につなぐことでした。私が卑弥呼の御魂と対話をしたとき、日本にやってきたその目的をはっきりと伝えてもらいました。これからは強い女性をリーダーとした母神信仰の社会になる。その準備のために日本へやってきたのだと。

これまでの約２０００年間、男性中心の世界が続きましたが、それもいよいよ終焉を迎える時期になったことを確信しています。

新たな時代の男性と女性の役目

天のつながりとは、太陽神である天照大神とのつながりを意味します。沖縄では、家を守る最大の神として天照大神のことを火之神《ひぬかん》とも呼びます。

卑弥呼をはじめ大巫女たちの役目は、啓示にしたがって神の願いをかなえることであり、けっして自分の願いをかなえることではありません。最終的には、天皇家も神の目的を達成させることを約束し、天照大神を祖霊神として祀るようになりました。

他国（他者）と敵対することを望まず、移動した先の住人に生きる知恵や技術を授け続けたシュメール民族とその神官たち。彼らは、シュメール王国が他国に攻め入られたとき、戦うことなく世界中に散って逃げましたが、天から降ろした「命の循環とその摂理」を天へつなぎ戻す最適な場所を求めて日本に再集結。そして、国家統一の土台を築き上げたのです。

全国各地で勢力を振るっていた部族や豪族たちが統廃合をくり返し、さらには大陸からやってきた渡来系民族が入り乱れた時代。それと同じ頃、シュメール王国の12名の神官は日本のさまざまな場所にたどり着き、そこにいた先住民を教え導き、のちに土地の神様として祀られるようになりました。

シュメールの神官については歴史書に記されているわけでもなく、彼らの存在はじつに謎めいています。しかし、西のほうから神の概念を運び、天照大神の大切な思いを日本に広めた人たちであることは間違いありません。

ちなみに、シュメールの神官は全員が男性であり、大巫女は全員が女性でした。ここで、男性と女性の役目の違いについてご説明しましょう。

これまで男性は現実世界を担当し、女性がそれを支える役目を担ってきました。逆をいえば、女性は精神世界を担当し、男性がそれを支える現実世界の役目を担ってきたのです。しかし最近では、こういった男女の役目はボーダーレス化し、新たなバランスがつくられているようです。

男女の意識や役目の混在は、今後さらに加速するでしょう。男性も女性も、それぞれに現実世界と精神世界のバランスを保ち、すべてと調和しながら個々の得意分野をいかすという時代になるのです。

第4のハートチャクラは「新丸十字」

新時代を迎えるにあたり、もっとも重視されているのが「ハートを開くこと」。このハートとは、新・宇宙大連合の丸十字のことを指します。

2015年の京都神事が終わった頃、突然のように私は夢の中で「新・宇宙大連合」のマークを見せられました。これは新体制となった宇宙大連合のスタート合図であり、全宇宙最大のカルマといわれていた「宇宙大連合のカルマ」が外れたことを意味します。

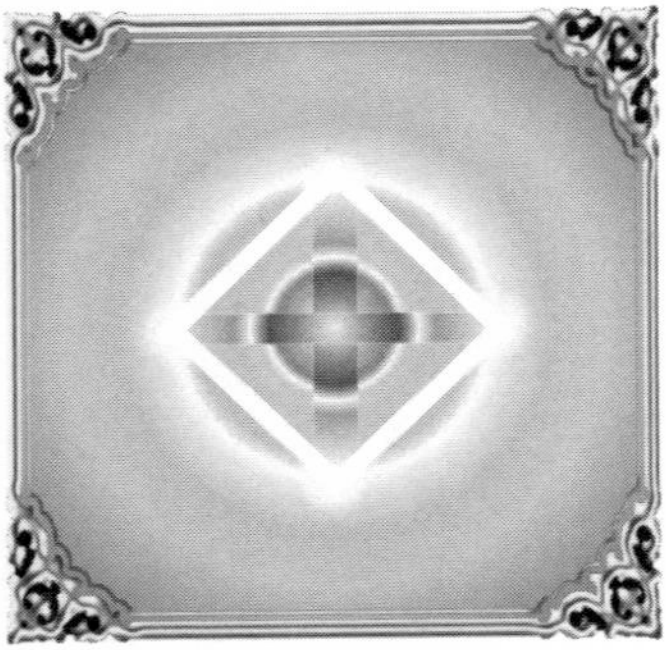
新・宇宙大連合のマーク

ちなみに、第4チャクラ（ハート・チャクラ）は「意識と現実のバランサー」。気持ちが高揚して精神が疲れたり、動きすぎて肉体が疲れたりするとハートがつらくなりますが、それはハート・チャクラのバランスが崩れているせいです。現代人の多くが常に疲労感に襲われているのは、ハート・チャクラが開いていない証拠といえるでしょう。

すべてのバランスは第4チャクラの開き具合で決まり、これは陰陽のバランスでもあります。意識の力だけでは、現実は何も変わりません。私たちは今後ますます第４チャクラの「新丸十字」に注目する必要があるのです。

さて、世の中には霊に憑依されやすい、いわゆる霊媒体質の人がいます。神降ろしができる（啓示を取れる）シュメールの神官や大巫女は、間違いなく霊媒体質だったといえるでしょう。

憑依は神の御印であり、人格神や先祖神はもちろん、自然神や宇宙神でも憑依されることがあります。

私自身、しばしば自然神である龍に憑依されますが、それはとてつもなく強いエネルギーです。憑依とは、別のエネルギー体（意識）が自分の体に入ること。そのエネルギーに同調すると、突然、神のメッセージが降りることもあります。自分の意思とは関係なく、上から選ばれてしまうのです。

これはシュメールの神官や大巫女も同様で、おおむねその血筋で能力を継承しますが、自分が「なりたくてなった」という人はほとんどいません。

現代人と古代人を比べれば、人間が本来持っている五感や超感覚などは間違いなく古代人のほうが優れています。それでもこの本にご縁があったあなたは、秘められた能力が開花する可能性は大いにあるでしょう。

ただし、自分の中の「陰性」が強い人は、ハート・チャクラがアンバランスなため、神の思いと自分の思いを混同してしまう怖れがあります。

自らの思いを「神のメッセージ」と勘違いするとき、先祖の因縁があなたの思考に影響を与えていることも少なくありません。知らず知らずのうちにそう思い込まされてしまうのです。

まずあなたがすべきことは、先祖に対しての感謝とお詫びです。その気持ちがあれば、迷いや悩みがあっても必ずよい方向へいくでしょう。自分の子孫をわざわざ苦しめたい先祖はいないからです。

さらには、氏神様を大切にしてください。自宅がある場所を守っている神社とその神様です。有名な神社仏閣でパワースポット巡りを楽しむよりも、氏神様を定期的にお詣りしてください。なにより足元が大事なのです。

あなたはなぜ、日本人として生まれたのか？

あなたはなぜ、この本と出会ったのか？

じつはこの問いの答えが、まさに大巫女たちからのメッセージなのです。

これから新たにスタートする、次のステージとして用意された２０００年間。ムーやアトランティスのときのような文明の終わりを迎えないためにも、いま日本人である私たちの進む方向性が試されています。

神々から託された思いをしっかりと胸に刻み、ハートを開いて行動に移してください。

第5章 天皇家の血筋に影響を与えた民族

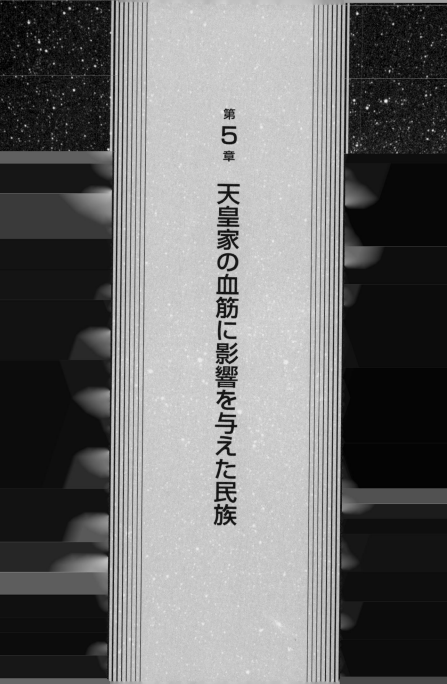

初代・神武天皇と欠史八代

この章では、天皇家の血筋とその意味をお伝えしていきます。

天皇家の血筋は「日本人の精神性」に大きな影響を与えています。ルーツを明らかにすることは、今後2000年間の日本の方向性を決定づける意味があるのです。

まずは初代・神武天皇についてですが、西暦紀元前586年、即位76年に127歳で崩御したと『日本書紀』には記されています。

その後、第2代・綏靖《すいぜい》天皇、第3代・安寧《あんねい》天皇、第4代・懿徳《いとく》天皇、第5代・孝昭《こうしょう》天皇、第6代・孝安《こうあん》天皇、第7代・孝霊《こうれい》天皇、第8代・孝元《こうげん》天皇、第9代・開化《かいか》天皇と続きますが、第2代から第9代の天皇については、記紀にその実績が記されていないことから、一般的に「欠史八代《けっしはちだい》」といわれています。

それでも出自や名前、崩御した年代などの記録は残されています。とくに没年齢については、第5代が114歳、第6代が137歳、第7代が128歳、第8代が116歳、第9代が115歳と、どの天皇も驚くほどの長寿となっています。そのことから、初代・神武天皇と第10代・崇神天皇が同一人物で、第2代から第9代の天皇については（他の諸外国に対して日本の歴史を誇示する目的で）後世に創作されたという説もあり、現代の歴史学では実在しないことになっているのです。

第10代以降の天皇に関しては、記紀に実在した記録が残されていますが、没年齢については第10代・崇神《すじん》天皇が１２０歳、第11代・垂仁《すいじん》天皇が１０６歳、第12代・景行《けいこう》天皇が１０２歳、第13代・成務《せいむ》天皇が１０７歳となっていて、相変わらずの長寿です。しかし、第14代・仲哀《ちゅうあい》天皇になると52歳で没と、ずいぶん人間らしくなるのです。

そして、仲哀天皇とその妃である神功皇后が、天皇家を確立するための極めて重要な人物となっています。

縄文人がもっていた驚くべき能力

これまでに私は、日本という国家が平定された歴史的・民族的な背景をひも解きながら神事を続ける中で、天皇家のルーツにまつわる情報、隠された事実をいくつも知ることになりました。

日本人は、多くの渡来系民族との交わりによって成り立つ集合意識体です。自らの血統を知ることは神世界のひも解きにもつながるため、苦悩を捨て、大きな愛で包み込むように神の思いをくみ取る必要があります。

過去を知るということは、そこで犠牲となった方たちの思いを受け取ることに他なりません。憎しみを愛に変える心が求められるのです。


現在、天皇家のルーツは朝鮮の百済だと公表されています。しかし、本当は多民族の血が交わっています。天皇家のルーツを「百済」として一本化する目的は、日本人の血に流れるさまざまな民族ルーツを隠すためなのです。

これは建国当時の倭国（日本）を国家として一つにまとめるための国策であり、政治や経済よりも重要だった民族の神意識を統一するためのものでした。

そして、天皇を神に近い存在として崇める思想体系によって確立したのが、日本神道なのです。

私たち日本人にとっての天皇は最高位の神官に位置づけられます。このような独自の価値観は、いまも昔も日本国民を一つにまとめることに役立っています。

一般的に日本人は、天皇を中心とした強力な祈りの力のもと、体から発する気・エネルギーによって自分や他者を癒すヒーリング能力にも長けています。これは外国人と比べて日本人がより神意識に近い精神性をもっている証拠ともいえるでしょう。

私たちの先祖である縄文人は、極めて古い時代、北海道から沖縄までの広い範囲に居住していました。当然ながら、多くの渡来人がやってくる以前は、国や国民という概念はありませんでした。

ひと口に縄文時代といっても約1万年という長い期間の中で、草創期・早期・前期・中期・後期・晩期の６期に分けられます。その前半はおもに狩猟採集民族の時代であり、世界各地に同じようなタイプの民族がいたこともわかっています。彼らを総じて「先住民」と呼びますが、その先住民の多くは定住せず、食糧である動物を追って季節ごとに移動しながら暮らしていました。

先住民の中には、丸太一本で大海原をわたるという高度な航海技術を身に着けている海洋民族もいました。星や魚と話をするテレパシーの交信や、海流を読む特殊な能力などを生まれながらにして備えていたのです。

西洋の知恵と文化をもった民族が、ヨーロッパから日本列島を目指して遠路はるばる船でやってくることも幾度となくありました。日本列島の周辺海域は潮の流れが非常に強く、現代の航海技術でもわたりきることは難しいのですが、このことから考えても、縄文時代に沖縄・九州エリアから瀬戸内海や日本海をわたって関西へ向かった民族は、相当な航海技術をもっていたことになります。

日本各地の海や湖では、よく宗像三女神が祀られています。その理由は、海洋民族に備わっていた「海を支配できる力」を宗像三女神がもっていたからでしょう。とくに宗像三女神の1柱である市寸島比売《いちきしまひめ》の神力は強大で、列島に住む民族の多くがこの力を求め、分霊として自分たちの土地に市寸島比売を祀りました。民族同士の争いに勝つためには、大巫女の力が不可欠だったからです。

実際のところ、市寸島比売は人間としても実在した大巫女でした。天地一体となり、波や風や潮も動かすことができたそうです。

日本の縄文時代後期から弥生時代にかけて、中国大陸では韓、趙、魏、楚、燕、斉、秦などの国々が覇権を狙い合う戦国時代に入っていました。

戦いに敗れた国は再び復興しないように、王族の血筋を根絶やしにされるのが常でした。敗北した者は自分たちの血筋をどうにかして残そうと、子孫を朝鮮半島や日本へ逃がしました。そのため大陸からやってきた渡来人のほとんどは、戦いに敗れて命からがら逃げてきた中国系の人たちでした。

彼らは、日本列島という新天地で再び自分たちの国家をつくろうと動き出します。私が神事で全国各地を訪ね歩いてわかったのは、いまでも日本のあちらこちらに中国から逃れてきた当時の人たちの思いが土地に残っているということです。

その頃、日本にいた先住民（縄文人）はまだ国家をもっていませんでした。そこで船でやってきた中国系渡来人は先住民たちを僕《しもべ》として扱い、それぞれに移り住んだ土地を支配したので、日本各地にはたくさんの小国ができあがりました。このように土地を支配した渡来人は、のちに豪族と呼ばれるようになります。

古代日本に大陸文化を広めた秦氏と秦河勝

中国大陸での長きにわたる戦乱の世をおさめたのは秦でした。韓、趙、魏、楚、燕、斉という順で諸国を滅ぼし、中国史上初めての統一王朝を築きます。秦の皇帝に即位した始皇帝は、中央集権国家づくりを推し進め、現在の中国の礎となりました。

秦王朝時代の中国系秦氏《はたうじ》の一部は、秦の始皇帝の命令を受け、まだ国家が完全にできあがっていなかった頃の倭国（日本）を偵察するために渡来しました。

彼らは、日本の国家統一には関与しませんでしたが、沖縄、九州、四国、関西といった流れで西日本を中心として定住しながら、土木灌漑・畑作・養蚕・機織り・酒造などの優れた知識や技術を先住民に広め、日本の発展に大きく貢献しました。この時代から古墳が巨大化しはじめたのも、秦氏の宗教観や土木技術が影響したという見解があります。

その後も、秦氏は2度にわたって日本に入ってきました。ちょうどこれらの時期は、秦王朝が滅亡する前後にあたります。始皇帝が「万里の長城」など巨大建築事業への労働を強いたことで、その苦役に耐えかねた人民が反乱を起こし、始皇帝の死後に秦王朝はあっけなく滅亡するのです。

2度目、3度目に渡来した秦氏の一団は、秦での重労働から逃げ出したり、戦いの敗者として亡命するなどの理由で、朝鮮半島から日本にやってきました。彼らは朝鮮半島で起きた百済・新羅・高句麗の戦いに大きく影響を受け、それぞれに元となる血族が異なるため、私は第1弾を中国系秦氏、第2弾を新羅系秦氏、第3弾を百済系秦氏と呼んでいます。

第2弾と第3弾で日本にやってきた秦氏は、おもに岡山、広島、山口に住み着きました。最初にやってきた秦氏とのあいだで争いが起こりかけましたが、「秦氏として、日本で勢力を伸ばすことが大事」との考えからトップ同士が話し合い、互いに争うことをやめ、棲み分けながら日本各地で暮らすようになったのです。

このように秦氏の大集団は、３つの時代に分かれて日本へやってきました。それまでは狩猟採集が中心だった日本に稲作を伝え、農耕中心の暮らしを定着させたのが第１弾の中国系秦氏です。

じつは、それ以外にもヒエやアワの栽培方法、醸造や発酵という技術を教えたのも中国系秦氏でした。稲作よりも先にヒエやアワの栽培が広がったことで、縄文人は半定住という生活のしかたを覚えたのです。

稲作の場合は灌漑用水の技術などが必要になりますが、ヒエやアワであれば移動した先でも栽培することができます。家畜を含めて土地に合わせた穀物を栽培することで、先住民の生活はどんどん豊かになっていきました。

縄文人は基本的に文字をもちませんでしたが、独自の文化がありました。口述、祈り、風習として大切なメッセージを残しています。大陸の宗教的文化を広めることにも尽力した秦氏は、のちに多くの寺院建立にもたずさわっています。

秦氏の親分的役割を果たしたのが秦河勝《はたかわかつ》。聖徳太子の重要なブレーンとして政治経済に精通した人物としても知られています。

私の神事でわかったのは、秦河勝は「非常に大きな愛をもった人」だったということです。そして、彼が仕えたとされる聖徳太子ですが、数々の偉業を成し遂げた歴史上の偉人である一方で、実在を示す資料がなく、最近では「架空の人物」という説が有力視されています。

神事によれば、聖徳太子とは、じつは秦氏が中国大陸から日本に伝えた「イスラエルの光」でした。

聖徳太子という人物が実在したように見せかけて、日本の神力を世界へ示す。それが秦河勝の狙いだったのです。この「イスラエルの光」が最終的にどこへおさまったかというと、日本の象徴・天皇家の祖霊神である天照大神です。

争いのない国家平定を夢見たのは、秦河勝も同じでした。だからこそ、天皇家の前身である大和王朝が台頭したときも戦おうとせず、秦氏は身を引いたのだとご理解ください。

多くの神社でご祭神としても祀られている天照大神ですが、これから社殿で手を合わせるときには、その背後にある「イスラエルの光」と秦氏一族に対しても感謝の気持ちを伝えてほしいと願います。

弥生時代から古墳時代にかけての日本列島には、中国や朝鮮だけでなく、世界中から多くの渡来人が「東の果ての国」を目指してやってきました。集まってきたそれぞれの民族は、列島を移動しながら各地に定住し、新しい国や文化を形成しました。

しかし、21世紀になって地球創生の啓示を受け取り、私を含めた多くの神人が動き出した背景には、この素晴らしい精神性を失いかけている日本の現実に危機感を抱いたからに他なりません。

世界中からやってきた渡来人と先住民との複雑な掛け合わせの結果が、現代の日本人をつくっています。縄文人のおおらかな気質がベースにある私たちには、外来の宗教や思想を摩擦なく受け入れられる和合精神があるのです。そのことを再認識する必要があるのではないでしょうか。

私たちの先祖でもある渡来人は、いにしえの時代、命がけで日本という小さな島国を目指してやってきました。そのことに思いを馳せ、こうして生かされている愛の大きさに気づいてください。そして、自分の魂ルーツがどの民族と関係しているかを感じ取ってほしいと思います。

中国から金印を授かったのは淡路島・沼島の王だった！

古代中国で秦王朝が崩壊したのち、項羽と劉邦《りゅうほう》をはじめとする戦乱の世を経て、最終的に劉邦が漢という統一王朝をつくりました。

こうして前漢の時代がはじまり、一度は滅ぼされて新という王朝が建国されましたが、これに反旗を翻した劉氏一族の劉秀《りゅうしゅう》によって新は滅ぼされ、漢王朝が再統一。光武帝（劉秀）を皇帝とする後漢の時代に入りました。

まだ日本という国家が統一されていない時代、九州から関西にかけて大小さまざまな国がつくられ、その勢力関係が複雑に絡み合っていました。

九州北部には奴国《ぬこく》、狗奴国《くぬこく》、邪馬台国《やまたいこく》などの小さな国々が十数カ国もひしめき、ひんぱんに統廃合されていました。

のちに、もっとも勢力を誇っていた倭国が九州を一つにまとめ、その都を関西に移しますが、ここで初代・神武天皇が関わってきます。

このように神武天皇に降りた啓示によって倭国が最初につくられたのは、九州北部でした。同じ時代に編纂された『後漢書』東夷伝には、「倭の奴国の王が朝貢したときに、漢の皇帝である光武帝から金印（純金製の王印）を賜った」と記されています。これは漢の光武帝より、倭国（日本）が国家として認められた証しといわれています。

金印は江戸時代に発見されましたが、その場所は、福岡県の博多湾に浮かぶ志賀島《しかのしま》でした。これは、倭国の都が九州北部にあったことの裏付けになるでしょう。

さらに興味深いのは、『魏志倭人伝』に登場する奴国が、九州と関西の2カ所にあったという説です。そして別の資料には、関西にあった奴国を興したのは、九州から船でやってきた「九州の奴国とルーツを同じくする一族」との記述もあるのです。

九州と関西の2カ所にあったとされる奴国

神事によると、日本がまだ完全に統一されていない時代、日本の中心となる国家を形成しようとした奴国の王様が、九州から船で瀬戸内海を通って淡路島にたどり着き、「この島が日本の中心である」として国をつくりました。

沼島は、淡路島の南東約5㎞に浮かぶ小さな島です。防衛のために、淡路島ではなく沼島に王様が居を構えたことは十分に考えられるでしょう。

当時は、先にやってきた民族がその土地を支配する時代でした。そして、この奴国の王様とは、中国大陸からやってきた渡来人であると思われます。

私が淡路島を神事で訪れたとき、「淡路島は、かつての奴国だった」「沼島には、金印があった」というメッセージが降りてきました。

『後漢書』東夷伝によれば、後漢への朝貢の際に、光武帝から奴国の王様が金印を賜ったとされていますが、じつはこの金印を授かったのは、淡路島・沼島に国を興したほうの奴国の王様でした。そして、この淡路島・沼島の王様から九州北部にあるもう一つの奴国の王様へと金印がわたったという事実を神事で明らかにしたのです。

約6000年前、淡路島では縄文人によって自然神に関する重要な祭事が行われていました。

淡路島は、夏至や冬至に列島の重要な拠点が一直線に並ぶというレイライン上の中心的な場所だったからです。その拠り所となっているのが、現在も淡路島にある伊弉諾《いざなぎ》神宮。天につながる神の道（レイライン）をつくることは、地上に神力を降ろすための欠かせない作業でした。

日本神話での伊邪那岐神《いざなぎのかみ》と伊邪那美神《いざなみのかみ》は、国産み・神産みの神様として知られていますが、淡路島でも古くから「命を誕生させる祈り」を行ってきました。ただし、そのような事実はすべて歴史から消し去られています。

そもそも「国生み神話」で最初に生まれたとされる場所が、なぜ天孫降臨の地である九州ではなく淡路島なのでしょうか。日本最古の神社として知られる伊弉諾神宮をはじめ、おのころ島神社、沼島、絵島など国産みにゆかりのある場所が点在する淡路島ですが、なぜか天皇家のルーツにまつわる話などはいっさい聞かれません。

私の神事で降りてきた「淡路島は、かつての奴国だった」というメッセージは、古い時代にこの島が国家統一を果たすための重要拠点として選ばれたことを意味しています。

精神世界の分野では、だいぶ前から「いずれ淡路島が日本の中心になる」といわれ続けてきました。最初にその話を聞いたとき、私はすぐに納得できませんでしたが、いまでは「神意識が集まる島」という認識を強くもっています。

くり返しますが、かつて奴国の王様は九州から船で瀬戸内海をわたり、淡路島・沼島にたどり着き、この島から国家統一を目指しました。

淡路島に住み着いた民族の大半は後漢、つまり中国系渡来人であり、その思想の根幹には、博愛精神としての原初キリスト意識がありました。そのため、中国系渡来人たちは戦わずして多くの先住民と手を結ぶことができたのです。

では、光武帝から授かったとされる金印はどのように使われたのでしょうか。

当時の中国大陸では国同士、民族同士での争いが絶えなかったため、中国との交流に際して武力で攻撃されないよう、「中国から認められた国家である」という証しが必要でした。要するに、この金印を使うことで安全な商いが保障されたのです。

もともと奴国は秦氏とのつながりが強く、奴国出身だった淡路島・沼島の王様は、そのルーツが秦氏ということで、後漢の光武帝より金印を授かることができたのでしょう。これを沼島の王様が奴国の王様に授け、日本の玄関口である九州北部で使われたという流れになります。

儒学の先生をしていた中国（清）での過去世

古代中国では、後漢が滅亡したのちに魏《ぎ》・蜀《しょく》・呉《ご》が並び立ち、興亡をかけて武将たちが競い合う三国志の時代に入ります。倭国の女王とされる卑弥呼が、魏へ使者を送ったのもこの頃のことです。

三国のうち圧倒的優勢を誇っていた魏が蜀を滅ぼし、続いて魏から出た晋（西晋）が呉を滅ぼして三国を統一しました。

この頃の日本は、弥生時代から古墳時代に入りましたが、時代を一気に進めて中国の清王朝の時代。日本では鎖国の印象が強い江戸時代の頃になります。

私は、清王朝で道教の先生をしていたという過去世があります。この記憶を思い出した不思議な経緯についてお話しましょう。


私が関西で出会ったある中国人男性と握手をしたときのこと。瞬間、お互いが古い時代の中国で出会っていた過去世での経験を思い出しました。彼は、私の魂の仲間（ソウルメイト）であり、清王朝の時代を生きた初代皇帝の息子、つまり第二代皇帝の魂をもっていました。かたや私は、神官の息子の魂をもっていました。ともに道教や儒学、蘭学、神仏信仰を学びながら尊敬し合う仲だったのです。

清の第二代皇帝に彼が就任したとき、私はすでに道教の仙人になっていたので、その後も「人を導く役目」として彼をサポートし続けました。彼もまた、私を心の師として慕い、龍を動かす力を発揮して国を守っていました。

私は、かつてこれほど鮮明に自分の過去世を見たことがありませんでした。この中国人男性との出会いは、じつに大きな意味があったと考えています。現在の中国人が失った魂、龍を動かす力をこの日本から目覚めさせるために出会った気がしています。

彼は、中国人としては珍しく「和の心」を理解しており、昔の日本人を思わせるほどのまっすぐな心の持ち主でした。手を握り合うだけで、それぞれが魂の役目を果たすために出会ったと感じ取ったのです。そして彼もまた、私と同じ能力者でした。

過去世での私は、結界（霊的バリア）の基礎をつくりました。中国全土に対して青・赤・黄・黒の龍を東西南北に配置し、中国最大の結界によって国と国王を守ったのです。現在残っているのは青龍（東）だけで、ほかの3つは壊されたそうです。このことからも、国を守るためには武力だけでなく、神力がなければ不可能なことがわかるでしょう。

中国人男性の魂は今世、日本に生まれることを強く望みましたが、願いがかなわず中国に生まれました。しかし、彼は日本人が為すべきことの意味を深く理解しています。現在は日本人の女性と結婚され、日本を相手に貿易の仕事をしています。まさに、ビジネスマンとして日本と中国の架け橋になっているのです。

誉田御廟山古墳での応神天皇との対話

さて、再び日本の古墳時代に話に戻しましょう。

第14代・仲哀天皇と神功皇后の子どもとされるのが、第15代・応神天皇（誉田天皇）です。『日本書紀』によると、父の仲哀天皇は神の宣託に背いたとして西征のさなかに命を落としました（※仲哀天皇の崩御についてはP250で詳しくご説明します）。

そして、母の神功皇后が三韓征伐に向かった際には、すでに応神天皇を妊娠していたとされています。三韓征伐に勝利して帰還したのちに、九州北部で出産した神功皇后は、応神天皇の母であることから聖母《しょうも》とも呼ばれるようになりました（※三韓征伐についてはP218で詳しくご説明します）。

応神天皇は、皇后の摂政3年で皇太子となり、皇后の没後、3世紀後半から4世紀にかけて天皇に在位。これは大和朝廷が飛躍的に発展した時期とも重なります。

2012年10月、第15代・応神天皇の墓といわれる誉田《こんだ》御廟《ごびょう》山《やま》古墳《こふん》（大阪府羽曳野《はびきの》市）で、神事仲間のある女性が応神天皇の御魂と対話をしました。そのときの記録をご紹介しましょう。

※　※　※　※

応神天皇　この私に何かできることがあれば、どうぞ何なりとおたずねください。

女性　ここにおられるのは応神天皇でいらっしゃいますか？

応神天皇　よく私のことがわかっているようですが、そのことだけは、よしとしておきましょう。そうでなければ、大切なことが壊れてしまいます。信じるべきものがあるからこそ、私は「ここに居なさい」といわれています。そのことについて多くの意味をもちながら、選ばれた者としての役目を果たしています。一つひとつを問うのではなく、本来の大事な部分だけをわかってほしいと思います。

女性　常《つね》神社（福井県若狭町）でうかがった神功皇后のお話は真実ですか？

応神天皇　その戦いにおいて妻、そして母の役割として神功皇后が事を為したとすれば、それは私がとやかくいうことではありません。また、その話の内容について、私が真偽を覆すこともないでしょう。

母は、息子である私を含めた多くの者たちの思いを理解し、決断した際の覚悟をお伝えしたはずですので、私はその本意に従うつもりです。

まだ何かいいたい者もいるでしょうから、そのことについて私に問うべきなのか、天に問うべきなのか、宇宙の大元に問うべきなのか、国民の思いをくみとるべきなのか……。まずは何がもっとも大切かをご理解ください。私は、すべて物事をまとめた証しとしてここに居ます。したがって、真実でないことは「否」というべきでしょう。

女性

当時の百済や新羅、日本について問うのではなく、当時の人たちの思いを正しく理解し、真実を知るためにおうかがいしています。

応神天皇

わかりました。内々のことなので、歴史に隠された者たちの思いも含めてお伝えしています。わが母である神功皇后のお腹に宿った子どもは、生まれて間もなく命を失いました。そのあと、目的を果たすために選ばれたのが、私の魂です。これは非常に重要かつ封印すべき事実です。どのようなことがあっても開けてはならない扉の鍵のようなもの。あなたが神の道へ人を導く立場であれば、どうするかはご自身でお考えください。

女性

その鍵を守るために、多くの方たちが命を落としました。そうやって現代の私たちに命をつないでくださったのですね。

応神天皇

そうです。そのことを知る者は、神官・巫女・氏族や皇族の関係者も含めて、その多くが抹殺され、口をふさがれています。このことについては言葉を慎み、身を正さなければなりません。彼らの魂が浮かばれるように、その思いをくみ取ってください。

私が百済ではなく、新羅ではないか?という問いがあると思います。そのことについては一つだけいっておきましょう。

血筋は交わっています。あえて純血ではない私が選ばれたのです。この事実をどう受け取るかは、個々人の考え方次第ではないでしょうか。

国を守るべき立場からすれば、当然ながら「百済」と答えるべきでしょう。多くの消え去った魂が、私たちを見守ってくださっていることに、どうぞ気づいてください。

※　※　※　※

記紀によれば、応神天皇の母親は神功皇后になっていますが、この対話によって応神天皇は「実子ではない」ことがわかりました。そして、神功皇后は実子を病気で亡くしています。そこで、新羅と百済の血が交わっている適任者を探した結果、応神天皇を見つけたという流れのようです。

また、神功皇后のルーツについて新羅系か、百済系かと問われれば「当然、百済でしょう」と応神天皇の御魂はおっしゃっていました。第2章でお伝えしたことですが、かつて私の知人が秋篠宮《あきしのみや》皇嗣《こうし》殿下《でんか》にお会いした際、秋篠宮様は、天皇家のルーツについて「百済から来たと聞いております」とお答えになられました。

私の知人とは、沖縄県の宮古島で石庭をもっている新城定吉さんですが、この話は、生前にご本人から直接うかがいました。

ある日突然、個人宅の石庭に秋篠宮様が警備を連れてお見えになり、警備の方々が席を外した状態で二人きりになってお話をされたそうです。証拠となるツーショットの写真も見せてもらいました。

当時、新城さんは90歳を超えた一般のオジーでしたが（94歳で他界）、天照大神と日本の皇族への思いは格別に高い方でした。秋篠宮様が石庭について質問をされたあと、新城さんが秋篠宮様へ皇室のルーツについてたずねたことで、天皇家が守っているものが見えてきたのです。

新羅系と百済系の争いをおさめた応神天皇

私も神事を行う中で、天皇家のルーツが朝鮮であることは知っていましたが、新羅系の血筋か、百済系の血筋かによってその意味合いはまったく違ってきます。

秋篠宮様のお言葉から、皇族の方々は宮内庁より「天皇家のルーツは百済である」との教育を受けておられることがわかりました。応神天皇のメッセージからは、「百済」としてのルーツを守りながら、本当は「新羅と百済の血が交わっている」との事実が明らかになりました。

新羅の血統を密かに守ってきた神功皇后でしたが、身ごもった赤子をすぐに亡くしてしまったため、天皇家の血筋を引き継ぎ、さらには新羅と百済の血が混じった赤子を探し求めました。そして出会ったのが、応神天皇だったのです。実子でないことがバレると大勢の命を危険にさらすため、絶対に口外はできませんでした。

それでは、応神天皇の生みの親は誰なのかといえば、間違いなく天皇家の血筋でしょう。そうでなければ次期天皇には絶対に選ばれないからです。しかも、「新羅と百済が交わっている」ということは、彼の本当の父親が、新羅と百済に関する高いポジションにいた人物であることを示しています。

このような流れで、応神天皇は神功皇后の息子として選ばれました。

実際にも、応神天皇は「新羅系と百済系の民が争うと、日本中すべての民の命が危ない」との理由から争いをおさめるために、育ての母である神功皇后の思いを受け継いで、両者のあいだに立ちました。新羅系と百済系それぞれの民も「この方の頼みであれば仕方ない」と受け入れたのです。

すべての神々を束ねる八幡信仰の神社では、応神天皇を祀っています。八幡とは、先住民を含めたあらゆる民が敵も味方もなく、「同じ神を崇め、同じ民として生きましょう」という意味があるのです。

こうして神功皇后に続く応神天皇の時代から、世の中の流れが安定の方向に変わりました。そのおかげで救われた民が多いからこそ、この二人にゆかりのある八幡信仰の神社は、現在も日本全国におよそ8万社あるのです。

日本を守るために故郷を制圧した神功皇后

倭国の時代までは、列島における渡来人の勢力図は圧倒的に新羅系が多数を占めていました。それは中国大陸や朝鮮半島で繰り広げられた戦いの結果でもありました。かたや百済系はその数も少なく、国土を支配していた新羅系のサポート的役割でしかありませんでしたが、大和朝廷が興って以降、しだいにその力関係は逆転していきます。

神功皇后は新羅系の血筋でしたが、そのことを伏せて暮らしていました。そんなある日、人民を守るために百済系の勢力へ加担し、自分の母国である新羅を攻め入ることになりました。

「この戦いに参加しない場合、日本にいる新羅系の一族を全滅させるぞ」

このように大和朝廷から脅された神功皇后は、新羅出兵を決断するしかありませんでした。

この戦いを三韓征伐といいます。血縁者が多く暮らす故郷を攻め入るということは、「身内を殺せ」と命じられたも同然であり、神功皇后にとってはこれほどつらいことはなかったでしょう。

実際のところ、三韓征伐には多くの民が神功皇后の軍勢として参加しました。関西では新羅系秦氏、愛知県の約半分の民、静岡県の約3分の1の民、そして九州でもっとも強大な勢力を誇っていた豪族一団など。このすべての民を率いて、神功皇后は朝鮮半島へ出兵したのです。

神功皇后は、なぜ短期間のうちにこれほどの援軍を集めることができたのかというと、じつは彼女をサポートした多くの民が新羅系渡来人でした。神功皇后は、「参戦しなければ渡来してきた新羅一族は全滅させられるので、どうか私と一緒に戦ってください」と涙ながらに訴えたのです。

神功皇后のこの決断により、新羅系渡来人はもとより、日本という国家が守られました。三韓征伐に勝利した神功皇后は、母国である新羅を制圧したことで大和朝廷から勲章を授与されました。日本中の民が、彼女の素晴らしい摂政ぶりを武勇伝として語り継ぐほどでした。

しかし、その戦いは決して楽なものではなく、ともに戦った仲間の約半数が現地で命を落としたことを、彼女は心から申し訳なく思いました。

神事によって神功皇后の御魂と対話をしたとき、「誰にもいうことができないのがつらい。これほどの思いを抱えながら、日本を守らなければならないのか」と語ってくれました。のちに皇后は、戦没者の魂を悼むための神社を全国各地に建立したそうです。

大仙陵古墳で降りた仁徳天皇のメッセージ

第15代・応神天皇の皇子として誕生した第16代・仁徳天皇。父である応神天皇の没後、その寛容な性格から異母弟に皇位を譲りましたが、天皇となったその弟が3年で他界したため、第16代天皇として即位しました。

2013年3月、仁徳天皇のお墓といわれる大仙陵《だいせんりょう》古墳《こふん》（大阪府堺市）で降りた仁徳天皇のメッセージご紹介しましょう。

※　※　※　※

このような出来事が起こるとは思わず、また、このようなおさめ方ができるとは思いませんでした。この地までやってきた者たちの思いをまとめるために、為さねばならない理由があります。

それは置いておくとして、私がみなさんにお伝えしたかったことは、この地におわします者たちの思いは一つであるということ。それを明かすために、私は役目を果たしています。今後もいっさい争うことなく民族を一つに束ね、この地をおさめた神の思いを広く発信するため、この地、この場所と決めて役目を果たします。

民族のひも解きをするならば、まずはその人たちがどこからやってきたか、一族の長はもちろん、その陰で働いた者たちも含めてすべての思いをしっかりと一つに束ねることが必要だと思います。

これまでいわずにおりましたが、もうこれ以上、多くの民を苦しめることのないよう、一つひとつの思いを束ねる心をもってください。どうか、よろしくお願いいたします。

私は、この地をおさめる役目を果たしてきましたが、そんな私を支えてくれた多くの民がいます。さらに、彼らの背後にも多くの民がつながっていることを、いまも心から感謝しております。どうかその思いをくみ上げて心を一つにして、この地から祈りをはじめてください。よろしくお願いいたします。

　みなさまが連れて来られた多くの魂や先祖の思いを、どうかくみ取ってください。自らの果たすべき役目に気づくためにも、この地から祈りをはじめるべきではないかと思っております。

　最後に、(古墳の形状があらわす)鍵を開けた扉の向こうには、過去の秘密を解き明かす重要な道具がおさめられています。これらを玉手箱のように開け放つことができれば、そこから新たな愛の光が発せられ、新たな時代が幕を開くでしょう。その謎解きができるまでの時間を、ゆるりとお過ごしくださいませ。ありがとうございます。
※ 巨大な仁徳天皇陵を上から眺めると、鍵穴のような形になっています。この古墳は、すべての過去を封印する最大の鍵場としてつくられました。

※　※　※　※

　仁徳天皇のメッセージからは、祖母にあたる神功皇后と父にあたる応神天皇の抱えている思いを、一段上から抑え込むかたちで封印するために仁徳天皇陵がつくられたこと。また、

大仙陵古墳／仁徳天皇陵（大阪府堺市）

２人の思いを守ることが自らの役目であることなどがわかりました。

仁徳天皇は最後に、「新しい時代の鍵」について触れました。「もし、この鍵を使うのであれば、仁徳天皇陵からはじめてみてはいかがでしょうか」ともおっしゃっています。このメッセージの細部を検証するような作業は必要ないでしょう。さまざまな民族の思いを一つに束ね、新たな愛の光を発信することがもっとも大事だからです。

また、この古墳の中には５～６個の財宝が隠されているようです。その一つひとつが民族の思いを束ねる「新しい時代の鍵」になっています。

私たちが秘密を解明しようとするとき、どうしても「真実を知りたい」という自らの欲求が優先されてしまいがちです。あれも疑問、これも疑問と掘るだけ掘って物事を追究し、結果として「意味があって隠されていた情報」が引っ張り出されてしまうことがあります。

知りたいという気持ちが悪いわけではありませんが、最終的に「民族の思いを一つに束ねる大きな愛」につながらなければ、その行為は自己満足に終わってしまいます。大きな愛の発動にはつながらないのです。

すべての民族をまとめた天皇と心を同じくして、神事をやっていってほしい。そこが仁徳天皇のもっとも伝えたいことなのではないでしょうか。

「日本という国家、天皇家をつくった意味をしっかりと理解し、腹に据えてやってくれよ」ということなのです。

ところで、お墓の中にしまい込まれた5〜6個の財宝とは、「ここには5つか6つの民族の思いがある」という意味かもしれません。

当時の各民族の長がそれぞれに「自分たちの証しのようなもの」を天皇におさめ、それらのエネルギーを一つに調和して発信するような機能が、この前方後円墳には備わっているのです。

弁天様として各地に祀られた市杵島比売

大仙陵古墳での神事を終えて車中に戻ったとき、次のようなメッセージが私に降りてきました。

※　※　※　※

市杵島比売《いちきしまひめ》が守ってきたもの、その守りをしてきた者たちの思いがここに詰まっています。民族を束ねたその者たちの思いが集まって、天皇神《てんすめらがみ》が存在することをご理解ください。

※　※　※　※

市杵島比売とは、宗像《むなかた》三女神の1柱です。先にも述べましたが、沼島の王様から奴国の王様へ贈ったという金印が出土した志賀島《しかのしま》（福岡県）では、天皇家の霊力・神力・魂を直接守っているということが、このメッセージから読み解けました。

宗像三女神である多紀理比売《たごりひめ》・田寸津比売《たぎつひめ》・市寸島比売は、神話の中で三姉妹の神様として語られていますが、じつは姉妹ではありません。血縁のない強力な巫女たちです。1柱だけでは神力が弱かったため、3柱を束ねたことで完全なかたちになりました。

したがって、この3柱が揃うと尋常でない神力が発揮され、天地天空のすべてを動かします。どれほどの武力をもった軍隊でも、3柱の神力があれば一瞬にして吹き飛ぶほどなのです。

その神力を広く行きわたらせるために、市杵島比売は弁天様として日本各地の神社で祀られています。一人でも多くの女性が潜在的に秘めている自らの能力、思いを実現する力に気づき、祈りの力によってその封印を解くことが目的なのです。

すべての生命エネルギーは女性から生み出されました。そしていま、これまで抱いてきた「母なる思い」を超越し、私たち日本人は魂の進化を遂げようとしています。まさに大いなる愛の光を発信する時期が到来したことを、市杵島比売は伝えているのです。

女性たちが行う「愛と感謝の祈り」は地球との共鳴です。それは地球を育み続けている宇宙の創造主につながる祈りだからこそ、神と同格の神力が湧き出てくるのです。

日本中に存在している弁天ネットワークでは、女性たちが生まれもった神力を解き放ち、自分のためではなく日本のため、地球のために役立てることを目的としています。

宗像三女神と同等の神力を思い出して使ってほしい。これは宇宙の創造主の望みでもあります。この女性の神力こそが、日本人の意識を次の段階へと導く大きな原動力になるのです。

宗像三女神と天皇家の関わりはどこにも書かれていません。宗像（福岡県）を訪れ、宗像三女神の御魂とも対話をし、すべて裏を取りました。天皇家との関わりについて詳しくは語られませんでしたが、「大切なものを守っています」とだけおっしゃっていました。

じつは、神功皇后は「宗像三女神の長女」であり、原初キリスト意識にもとづく大巫女でした。天皇家の神力継承のため、仲哀天皇に嫁いだのです。

そして（記紀では神功皇后の息子にあたる）応神天皇を生んだ母親は、宗像三女神の中でもっとも強い神力をもつ市寸島比売だった可能性があります。

私の神事でも、応神天皇の実母は「大巫女」と出ました。海をわたって九州北部にたどり着いた大巫女はたくさんいますが、なかでも非常に重要な役目を担っていた一人が、応神天皇の実母であるとのメッセージが降りたのです。

確証が取れたわけではありませんが、宗像三女神のすべての御魂と対話をしてわかったことです。彼女たちは何もいえない状態でしたが、このことを質問したときに、もしも間違っていれば即座に問われます。問われなかったこと自体が「イエス」という答えなのです。

歴代天皇は、原初キリスト意識の大巫女を妃にする傾向がありました。大巫女と結婚すれば、神力をもつ子どもが授かります。国家・民族を一つにまとめるには、権力だけでなく神力でおさめる必要があるのです。

日本を守る女神の力とその目的

日本は、男たちの権力支配でつくられた国家ではありません。神力でつくられた国家です。この神力には卑弥呼や神功皇后、宗像三女神といった大巫女たちが深く関係しています。

かつて宗像三女神と卑弥呼は九州北部の地にいました。この頃に日本を守っていたのは宗像三女神の神力でした。卑弥呼には「国家を統一して、ここ日本から光を立ち上げ、地球を守るために神力を動かさなければならない」という使命があり、同じように宗像三女神にも「神国日本を立ち上げろ」という啓示が降りていました。

この頃の世界は、男神が支配していました。日本にも当然のように「男の戦い」が流れ込んできて、国同士、民族同士、新羅と百済、先住民と渡来人などの争いを含めて、近代に至るまでずっと戦いの歴史が続くことになります。

男たちがもっとも怖れたのは宗像三女神の神力でしたが、消し去るわけにいかないので、女性のもつ神力を自らの勢力に取り込もうとしました。

女性にとっても、男たちと武力で戦うことは意味がなく、それでは自分の命を守れません。そのため、男たちを受け入れるしかありませんでした。このように宗像三女神の神力を正しく伝えるのは非常に難しいことなのです。

ただ間違いなくいえるのは、女性の神力がなければこの国を守ることはできないということ。それは真実なのですが、当時の女性は、起きた出来事を文字で残すことも語り継ぐことも許されなかったので、巫女たちの存在は世に知られることがありませんでした。私の神事を通じて真実を明るみに出し、みなさんにお伝えできることを嬉しく感じています。

宗像三女神は、この国の神力を守るためにいまも働かれています。

この国で最高位の神官といえば天皇であり、天皇家の祖霊神として祀られているのが天照大神です。歴史をさかのぼれば、天照大神は渡来系民族だった百済族・伊勢族が祀る神様でした。神話の中では主神として登場し、伊邪那岐神《いざなぎのかみ》（父）と伊邪那美神《いざなみのかみ》（母）の子どもとして描かれています。

自然神とも女神とも受け取ることができる天照大神ですが、私が拝見するお姿は若い女性であり、その後ろには大勢の侍女がずらりと並んでいます。

天照大神・宗像三女神・神武天皇に備わっていた計り知れない女神の力は、日本のすべての女性たちに受け継がれています。そのことをぜひ多くの女性たちに気づいてほしいのです。そして一刻も早く自らの潜在能力を開花させ、日本を、そして地球を守ってほしいと願っています。

女神が祀られた神社を参拝した際には、拝殿で手を合わせ、「この国、この地球を守ります」と宣言してください。女神の目的が明確になったいま、そう唱えることによって双方の思いが共鳴し、女神はあなたに必要な力をお貸しくださるでしょう。

そして、どうぞ同じ志をもつ仲間とともに行動してください。過去を悔やんで反省する必要はありません。明確な目標をもって、どんどん突き進んでいけばよいのです。

歴史上の真実を知って神の思いを理解すると、潜在能力が開いてその力を発揮することができます。あなたの思いが、そのまま実現する可能性も高まるのです。

ただし、その反対のことも起きやすくなります。神力がつくということは、それだけ神から期待され、この国を守っていく責任も増えるからです。

本来、この世のすべての人間、生きとし生けるものは一つにつながっています。女性の内側からの目覚めは自発的に起こるものであり、第三者が力技でやることではありません。女神はいっさいを主張せず、ただじっと私たちを見守っているので、その思いに意識を向けるだけで共鳴して一つになっていく。これが弁天ネットワークです。

日本に生まれたすべての女性たちが、生まれもった使命を果たすこと。それが日本を守り、地球を守ることにつながります。こうして集合意識を動かすのは神事と同じ意味があります。

一人ひとりが意識的に行動してつながっていくことが大事なのです。

履中天皇陵で降りた履中天皇のメッセージ

第16代・仁徳天皇の皇子である第17代・履中《りちゅう》天皇の墓は、全長３６５ｍの巨大な前方後円墳。別名「舌鳥耳原南陵《もずのみみはらのみなみのみささぎ》」「ミサンザイ古墳」「石津ヶ丘古墳」とも呼ばれています（大阪府堺市）。

２０１３年3月にこちらを訪ねた私は、履中天皇の父にあたる仁徳天皇が、その立場から伝えられなかったメッセージを、息子の思いも含めてうかがうことにしました。

※　※　※　※

冠をたずさえて来る者がおれば、それは王として認めましょう。授けたものとはいえ、この地を拝みに来るのであれば、その思いは一つであるとおわかりください。

この地に守られしものは、それぞれの国の神が守ってきた財宝、金銀、いくばくかのお金ではなく、それよりもさらに大切なご神託を受けた神の元のおさめ、支え、鞘《さや》といえばわかりますか？

そうです、神の御心をあらわす「神の剣」をおさめて守る形としてつくられております。神の剣を（山の）頂きに刺すことにより、この国をおさめて守る役目、その意味をもつ者が天子となり、勅命を受けた者が天皇となるしきたりです。

それぞれの天子・天皇がおられますが、争いをするためではなく、この地におさめて守りし神の魂を一つにまとめ、封印し、その力を御陵の力とし、徳の光とし、ご神託・勅命の神の光となしております。

それが、この地を守る我々の役目です。さらに、神託に必要な道具をこの地におさめて守ることが我らの役目であり、その証しとなる神札、もしくは神の証しとなるもののすべてを入れております。

それは何よりも仁徳天皇の思いであり、父、母、祖父母、両家のすべてに関わる民の思いであり、合わせて祀るという思いです。

わたくしが多くを語るには、まだ足らぬものではございますが、多くの者たちの支え神となるために、心を一つに束ねた父の思いを、どうぞおわかりください。

※　※　※　※

メッセージ中の天子とは、天皇神《てんすめらがみ》として認められた子どもを意味し、天皇の血筋のことを指します。

仲哀天皇、神功皇后、応神天皇の関係図ですが、神話で語られている内容は真実ではありません。第14代・仲哀天皇の父親は日本武尊《やまとたけるのみこと》です。

仲哀天皇と神功皇后は夫婦であり、その息子が第15代・応神天皇、孫が第16代・仁徳天皇となっています。関西神事では、ひ孫にあたる第17代・履中天皇ともこうして対話をしました。

仁徳天皇は、メッセージの中で「戦わないように鞘に収めた」とおっしゃっていました。仁徳天皇の墓である前方後円墳は、上空から眺めると巨大な鍵穴の形をしています。この中に歴代天皇や皇室の方々のさまざまな思いがおさめられているので、「それを守りたい」とのお言葉なのでしょう。

天皇の役目とは、過去の思いを封印して守ること。そのため天皇の秘密を解き明かそうとすることは、過去の封印を解き、感情を暴くことにつながります。真実を受け止めるという行為は、過去の事実や感情を暴くことではありません。それらを大切に守るために行うのです。

天皇は日本人の象徴であると同時に、神の世界ではリーダーにあたります。しかし、神力の大元は母系の血筋なのです。私は日本のことを「母性の国」と呼んでいますが、それに対して男性は駒のような存在。当然ながら、これからは女性中心の社会になるでしょう。従来の支配や権力構造ではなく、価値観も概念もガラリと変わった世界になるはずです。

第6章

5人の天皇に仕えた武内宿禰

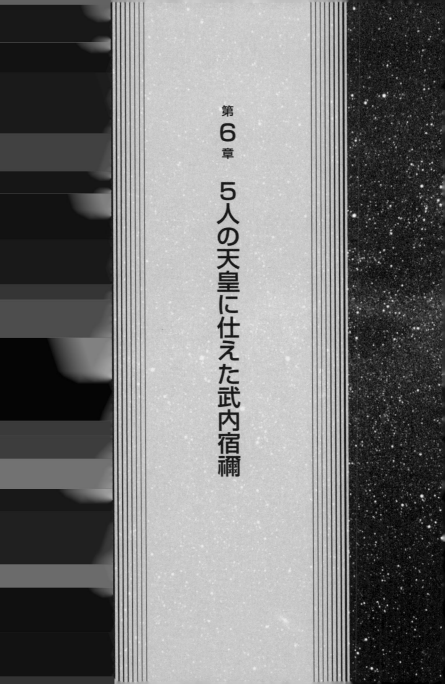

出雲族が国家統一するまでの流れ

出雲国の建国については第2章でも触れましたが、大事な部分なので改めておさらいをしておきましょう。

約6000年前の日本列島には、狩猟採集をしていた縄文人が各地にバラバラと住んでいましたが、彼らには土地を所有するという概念がなく、国家としては成り立っていませんでした。当時、もっとも人口密度が高かった九州北部には、十数カ国ほどの集落があり、たまに食べ物をめぐって争うこともありましたが、どちらかといえば互いに助け合って生きていました。

九州の北部と南部では、民族ルーツや人々の暮らしぶりがまったく異なりましたが、「神の思いを束ねる」という目的では交流をはかっていたようです。

九州だけでなく、四国や中国地方にも大小さまざまな国がありました。これを一つにまとめたのが出雲族の長・大国主命《おおくにぬしのみこと》でした。彼は「自分が国をおさめたい」という欲求よりも、日本を一つにまとめなければならない使命感で動いていました。

四方を海に囲まれた日本列島はあらゆるところから攻め込まれやすく、実際にもヨーロッパやインド、東南アジア、中国、韓国などから多くの渡来人が日本へ上陸。新しい技術や文化が入ってくる一方で、武力を使って侵略を試みる民も少なくありませんでした。

中国大陸では国同士、民族同士の争いが絶えませんでした。そのため、戦いに敗れた民の多くが日本へと逃れ、九州地方、中国地方、四国地方などに散らばり、山奥でひっそりと暮らすようになりました。日本に大きな影響を与えた秦氏も3度に分けて、数万人規模の大集団で日本にやってきました。

そこで大国主命は、他の部族の長たちに対して「互いに手を組んで神を守り、民の暮らしを守ろう」と交渉。その思いが一つになって、出雲族は国家統一を果たしたのです。大国主命は、国や民だけでなく神の概念も一つにまとめました。このことが発端となって、日本神道（八百万の神）が誕生しました。

出雲国の建国から、少し時間を巻き戻しましょう。

九州といえば天孫降臨の地でもあります。「宇宙神につながる12柱の大巫女」によって九州の地に「宇宙とつながる祈り場」がつくられましたが、この神事に手を貸したのが、当時まだ九州の一国に過ぎなかった出雲族でした。もちろん、その長は大国主命です。

天孫降臨のあと、男性中心の社会を築いていた渡来系民族が続々と九州北部や列島各地に乗り込んできました。その目的のほとんどが日本列島の制圧でした。

出雲族は、同じく九州にあった邪馬台国と手を組み、渡来系の豪族たちに巫女を差し出すことで国家統一という大いなる目的を果たそうとしたのです。

邪馬台国には、世界各地から強い神力をもつ少女が集まってきました。彼女たちは神の思いを体に乗せて運ぶことができたので、世界中の神々が巫女の体に乗るかたちで日本まで運ばれてきました。

また、男たちの戦いの背景には、巫女による呪詛《じゅそ》がけによって相手の王の力を奪い取るという作戦もありました。そのため、豪族の長が妻を選ぶときには見た目の美しさ以上に、国や自分の身を守るための神力が備わった巫女を条件としたのです。

豪族に嫁いだ巫女は、呪詛がけのような本意でないことでも甘んじて受け入れ、夫である王様のため、国のために神力を使いました。

このようにすべてを受け入れて敵国の妻になる巫女たちが多く存在したため、巫女集団の数も徐々に減り、邪馬台国は出雲族に吸収されるかたちで自然と歴史から消えていったのです。

その後、出雲族と卑弥呼の一団は出雲の地へ移動することになりました。九州で天孫降臨を果たした卑弥呼でしたが、今度は日本全体を光で包むための「天鏡・水鏡・光鏡の儀式」を行う場所を探す必要がありました。そのため列島各地を訪れて、最終的に山陰地方の出雲にたどりついたのです。

出雲族と卑弥呼の一団は、九州での天孫降臨神事で活躍した「宇宙神とつながる12柱の大巫女」を連れて出雲の地へ赴き、さらに宍道湖《しんじこ》を訪れました。このとき12名の大巫女は、宍道湖にて、天（宇宙の大元）と地球の底を一つにつなぐ神事を行いました。それによって強大な神力を得た大国主命は国家統一を果たし、出雲国が誕生したのです。

列島各地にはたくさんの渡来系民族が移り住み、豪族となって土地を支配していましたが、出雲族は国家を統一する際に、相手の王に対して武力を使うようなことはしませんでした。豪族だけでなく秦氏とも友好的な関係を築き、稲作などの知恵や技術を学ぶことで国家を発展させていったのです。

出雲神話「国譲り」の裏にある真実

出雲国の王である大国主命は、攻め入ってきた百済族（のちの伊勢族）に対して、戦わずに国を譲りました。

なぜ国譲りを受け入れたかといえば、大国主命の母親と百済族の親分の母親が同じ人物だった。つまり、敵の親分と自分とは種違いの兄弟であることがわかったからです。そのくだりについては、すでに第2章で説明した通りです。

じつは、国譲りは出雲だけに起こった出来事ではありません。中国地方と四国地方と九州の一部を含めた広いエリアを想定したほうが間違いないでしょう。これは支配を拡大しようとする中央政権と、それに抵抗する地方政権との争いを描いたストーリーであり、伊勢族と出雲族の関係だけに留まりません。

記紀には書かれていませんが、当時の西日本一帯には中国や朝鮮から逃げ延びてきた渡来人がたくさん住み着いていました。互いが交わらないようにひっそりと暮らしながら、小単位の部族や国家がいくつもできあがっていたのです。

出雲族はそれらの国々に対して地道に交渉し、友好関係を結びつつ吸収していきました。その後、多くの地域で出雲の神が祀られるようになりましたが、出雲族から国を譲られた伊勢族は、ローラー作戦によって各地のご祭神の名を、出雲の神から伊勢の神（天照大神）に根こそぎ変更していきました。

出雲神話で語られる「国譲り」は、天皇家の血筋に関わる重要な出来事です。日本で最初に国家統一を果たした大国主命は「天皇」ではありませんでしたが、彼の存在なくして日本という国家は生まれませんでした。

百済族から「出雲国を譲るか？」と問われたとき、大国主命は自分で判断せず、２人の息子に相談しました。長男の事代主神《ことしろぬしのかみ》は「国譲りを受け入れる」といいました。かたや、次男の建御名方神《たけみなかたのかみ》は「駄々をこねた」と神話では語られています。

なぜ事代主神は、すんなりと国譲りを受け入れたのか。それは百済族の武力にひるんだわけではなく、もっと先の未来を見据えての判断だったと私は考えています。

じつは、大国主命の息子である事代主神も、日本という国の礎を築くのに大きな役割を果たしました。新羅系から百済系へと天皇家の体制が傾いた時期に、事代主神は、父・大国主命の意向をくんで新体制を受け入れることに決めました。自分が守り続けてきた神を相手にわたすことは断腸の思いだったに違いありません。それでも人民の命を救うためには、そう決断せざるを得なかったのです。

一方の建御名方神とその一団は、百済族に統合されることを拒否しました。そこで戦いを挑んだものの敗北し、諏訪まで追い込まれましたが、百済族から「諏訪の地を出なければ許す」といわれてそこに留まります。

その言葉の裏には「原初キリスト意識を諏訪以外に出してはならない」という意味での神を土地に縛る目的があったのです。

このようなことから、原初キリスト意識を頑なに守り続けたのは、建御名方神をご祭神として祀る諏訪族（阿波族）だったことがわかるでしょう。彼らは平和主義的な民族で、政治や権力に翻弄されることなく自らの信念を貫く精神の持ち主でした。

出雲の国譲りに関わった大国主命・事代主神・建御名方神の関係性は、いったい何を意味しているのか。これが天皇家をひも解く大事な要素になります。

大国主命・事代主神・建御名方神のポジション

〈金比羅・速秋津比売との対話記録〉

もしも大国主命・事代主神・建御名方神の3柱が親子でも兄弟でもなかったとしたら、どのような展開をみせるのでしょうか。

私は、神事を通じて大国主命・事代主神・建御名方神の3柱が親子でも兄弟でもなかったことを知りました。事代主神は、四国一帯を制圧した力のある部族の親分で、建御名方神は別の領土の親分でした。

ところで、金比羅といえばその本拠地は四国の金毘羅宮（香川県仲多度郡）です。四国には、かつて強力な大巫女が存在していました。

2013年12月に売布《めふ》神社（島根県松江市）で行った神事により、神話では大国主命の息子として語られている事代主神が、じつは四国にあった国の王様だったことがわかりました。そして、出雲の国譲りの際、大巫女の一団とともに出雲の地へ移ったのです。

このことを確信したのが、大巫女である金比羅からの次のメッセージでした。

※　※　※　※

事代主神、賜りますれば「この地、おさめ守りいたしませ」といわれ、民を引き連れてやってきましたが、「ごく、おさめ賜り守れ」といわれ、続き、ここにおりまする。

この地、おさめし者たちの役目、流れ、それぞれの思い、まだ数多くありますがゆえに、よく理解し、船神とともに合わせ賜いて、お運び賜いてくださいませ。よろしくお願いいたします。

※　※　※　※

一国の王様だった事代主神が、なぜ自分の土地である四国を捨て、大巫女を引き連れて出雲へ渡ったのか。そして、大巫女に対して「ここ（出雲）をおさめろ」と命じたのか。当然ながら、これは事代主神の本意ではなく、上からの制圧があったとみるべきでしょう。その「上」というのが、おそらく出雲族です。具体的なことは、大巫女も話せないようでした。

売布神社に祀られている神様はすべてが巫女でしたが、社の配置が通常とは異なっていました。

私は、金比羅に続いて速秋津比売《はやあきつひめ》と対話をしましたが、２名の巫女の御魂が速秋津比売との交信をブロックしていることを社の配置から感じ取りました。

それだけ速秋津比売の神力が強いという証拠なのですが、速秋津比売は「何かを話せば、すべての巫女の御魂を消滅させるぞ」と脅されている様子でした。

そうでなくても神社の境内は結界が張られ、メッセージを読み取りづらい環境のため、私は神社を出て近くのカフェから遠隔で意識をつなぎ、速秋津比売との対話を試みました。

速秋津比売はしばらくのあいだ押し黙っていました。何かを話せば、まわりにいる巫女たちの御魂が消されてしまうことをわかっているので、なかなか言葉に出そうとなさいません。

そこで、私が遠隔テレパシーを使ってみると、対話が可能になりました。

売布神社（島根県松江市）

※　※　※　※

天無神人　金比羅様に、事代主神との関係を教えていただきました。事代主神が、四国およびこの地域を平定していた王という判断でよろしいでしょうか。

速秋津比売　よく知りませんが、四国についてはそうだったようですね。

天無神人　それは、四国の王だったという意味でしょうか。

速秋津比売　そういう意味になりますか。私どもはそのことを公にいえる立場にはなく、そのことをいえばたくさんの者たちの魂が焼かれてしまうのでいえません。そのことだけはわかってくださいませ。よろしくお願いします。

※　※　※　※

焼かれてしまうのは、売布神社に祀られている巫女の御魂だけではありません。遠い昔、島根県の宍道湖に数百名の巫女が身を投げなければならない出来事があり、その巫女たちの御魂がいまも人質に取られているので、これ以上話すわけにはいかないとのことでした。

とはいえ、このメッセージによって（言葉の裏にある真実をくみ取れば）、事代主神が四国の王様であったこと、そして大国主命の息子ではないことが明確になりました。その後の神事で、私は宍道湖に入身した巫女たちの御魂を解放しました。

このように出雲国の建国には大国主命だけでなく、四国の王様であった事代主神が大きく関わっています。鹿島神宮（茨城県鹿嶋市）のご祭神である伊勢族の武甕槌命《たけみかづちのみこと》が大国主命に国譲りを迫ったとき、美保神社（島根県松江市）のご祭神である出雲族の事代主神は「承知した」と答えました。そして、海の底の母に対して「申し訳ない」とお詫びをするために、海に潜ってその身を隠したのです。このことは、事代主神と「龍宮底神」との深いつながりを意味しています。

２０１３年12月の出雲神事では、四国にある一国の王様だった事代主神が、須佐之男命《すさのおのみこと》という神力に守られていたこともわかりました。その須佐之男命の神力を手に入れたいがために、大国主命は四国を制圧して事代主神を配下に置いたのです。

つまり、もともと須佐之男命は出雲の神力ではなく、大国主命が四国の事代主神から奪い取った神力でした。

それ以前の出雲と四国は友好関係を築いていました。新羅系と百済系の勢力関係が逆転したことで、日本を守るためにも国家を統一する必要性に迫られ、事代主神は自らの土地を捨てて出雲へ移ったのでしょう。

ひとつ謎が残ったのは「大国主命とは誰か？」という部分でした。

これについては、２０１3年3月に行った北九州の神事で、大国主命の名前や意味がわかりました。大国主命の扱いは複雑で、今回の天皇家の話には直接関係がないため深くはお伝えしませんが、じつはこの解明が非常に難しいのです。大国主命という人物を「一人」に設定することで、九州・中国・四国などの各民族の思いを一つに束ねると理解してください。

また、出雲国の王である大国主命が、続いて登場する武内宿禰《たけのうちすくね》の子どもであることも神事で判明しました。大和朝廷の争いに巻き込まれた者たちの思いをくみ取って、すべてを采配したのは武内宿禰でした。

大和朝廷初期に活躍した忠臣・武内宿禰

〈武内宿禰との対話記録〉

景行天皇、成務天皇、仲哀天皇、応神天皇、仁徳天皇という5人の主君に仕えた武内宿禰は、天皇家の歴史でもっとも大事な部分に関わった人物の一人です。『古事記』では第8代・孝元天皇の曽孫とされている天皇家の血筋です。

第14代・仲哀天皇の妃である神功皇后は、女性でありながら政権を支えて守ってきた人物で、明治時代より前には天皇と同じ位置に扱われてきました。

さかのぼれば仲哀天皇の父親は日本武尊《やまとたけるのみこと》であり、日本武尊の父親は、当時九州をまとめていた先住民の長だったことが神事でわかりました。

仲哀天皇即位8年のとき、熊襲《くまそ》征伐という出来事が起こりました。熊襲とは、九州南部において倭国（日本）に対抗していた先住民の勢力です。

仲哀天皇と神功皇后は征伐に向かいました。このとき、神かかりした神功皇后に神のお告げが降りました。このことを託宣《たくせん》といいます。

神功皇后は、夫である仲哀天皇に対して「西海の宝の国、新羅を授ける」との神言葉を降ろしました。じつは神功皇后は強力な大巫女であり、実際にも、天皇家の皇后のほとんどが巫女という時代でした。武力に加えて神力がともなわなければ国はすぐに衰退します。そうならないためにも、託宣を降ろせる巫女を天皇の嫁にしたのです。

それまでの天皇家の血筋といえば新羅でしたが、ちょうどこの時代、新羅系と百済系の勢力関係が逆転しはじめました。仲哀天皇と神功皇后の母国は新羅だったので、託宣では仲哀天皇が「母国である新羅の王になる」という内容でした。しかし、仲哀天皇はこの神言葉を信じませんでした。そのため神の怒りに触れ、その数カ月後に急逝してしまいます。

そこで天皇の忠臣だった武内宿禰は、仲哀天皇の亡骸を下関海峡の穴門豊浦宮《あなとのとよらのみや》という場所で密かに祀りました。

天皇が崩御すると国の体制が変わるため、その事実をしばらく隠すという策に出たのです。その後も武内宿禰は、仲哀天皇と神功皇后の子どもである応神天皇を陰日向になりながら守り続け、国家安泰のために活躍を続けました。この人物の采配がなければ今日の日本はないといってもよいでしょう。

2013年3月に行った宇佐神宮（大分県宇佐市）の神事では、武内宿禰の御魂と対話をしました。宇佐神宮のご祭神は応神天皇・神功皇后・宗像三女神ですが、境内にある末社の黒男神社には武内宿禰が祀られています。

武内宿禰との対話では、次のような事実をひも解くことができました。

※　※　※　※

天無神人　応神天皇は、天皇の落とし子ですか？

武内宿禰　いいか、よく聞けよ。お前たちがわかっていることは確かではあるが、誰の子か名前を出せば、その血筋がもめることになるからこそ、それは明かさぬほうがよいと思うぞ。それと、その側にいる女は、されど、そのことを「言わぬが花」とおさめておけるかどうか、大丈夫か？　であればよいのだが、このことを話せばひもがほどけてしまうからな、よろしく頼むぞ。

※　この神事では一人の巫女を同行させましたが、彼女の好奇心があまりに強かったため、その心を読まれて武内宿禰の御魂が強くかかり、怒られていました。
天皇家のひも解きは好奇心からやるのではなく、やらざるを得ない流れの中で行っていきます。真実を知ることは責任がともないますが、そのあたりを理解できない方には真実を伝えることができません。その重要性を、武内宿禰の御魂は教えてくれたのです。

天無神人　応神天皇は、隠れキリシタン、もしくは原初キリスト意識のことをご存じなのでしょうか？

武内宿禰　そのことについてだけは話すなよということを、いずれの場所においてもいわれていると思うが、お前にだけはいっておこう。この地における土地の神を守るという意味には、その分（キリスト）が入っていることは、わかっていると思う。
だからこそ、誰を守るのかによってその意味が変わるが、その上に祀られている神たちが、大きいかな、少なからず、たくさんの民族が集まっているうえに乗っている神だからこそ、その名を出せばもめごとの起きる地ではあるのだということをわかっておけよ。よろしく頼むぞ。

天無神人　じつは、このあとすぐに長崎へ行きます。

武内宿禰　そうか、長崎へ行くのか。であれば、もしくはそこの地における血のつながりが明かされるかもしれぬな。その血のつながりは、この地につながった者の子どもであるということは確かだが、そのことについては、誰の血か、また誰がそのことを引き継いでいる血なのか、天皇がそこに関わっているかまでわかってしまうからこそ、とても重大なものなので、神の世界において、これを明かすことは許されず、明かせば、そのことを問われる人たちが多いということだけは覚えておいてくれ、よろしく頼むな。

丸十字については「イエス」といえるが、一般的にいわれる十字架であれば、そのことについては「ノー」というしかないであろう。そのことを「イエス」にすれば、時の権力者もしくは、天皇《てんすめら》の子どもに対してのいわれなき思いを浴びせることになるからこそ、それについてはよく判断して答えておくれ。

※　※　※　※

この神事のあと、私は長崎の大きな神社の元宮司である神事仲間とともに、長崎へ向かいました。そのときに彼から聞いたのは、当時、九州エリアをまとめる神社庁トップの人が長崎県の宮司たちだけに伝えたという話でした。その内容は、ある神社のご神体に十字架が祀られているという事実でした。「それを神社庁がずっと守り続けていることに、その場にいた全員が驚いた」と語ってくれました。

古くから土地に住む民が十字架を信仰していて、その後に日本神道が入ってきたということなのでしょう。隠れキリシタンよりもずっと昔の時代ですが、ご神体としての十字架を歴代の神職がずっと守ってきたという事実はとても重要です。十字架と神道、それぞれの神の概念がしっかりと和合しているのです。そのことを地元の民も受け入れてきました。

隠れキリシタンといえば、キリスト教への弾圧がもっとも激しかったのは布教の拠点だった長崎です。とはいえ、イエス・キリストを救世主として信仰する現在のキリスト教と、武内宿禰のメッセージにあった「十字架」の概念とはまったく異なります。「丸十字という意味であればイエスだが、一般的な十字架の意味ではノー」の部分がそれです。

丸十字とは原初キリスト意識のことを指し、これは約6000年前に大巫女たちが命がけで日本へつないだ太陽神そのもの、古神道の礎となった神意識のことを指します。

続いて、2015年12月の出雲神事で受け取った、武内宿禰の御魂からのメッセージをご紹介しましょう。

※　※　※　※

神頃い高並びに国守りてつながりしこと、おわします皆のもの、その意味理解できるかな？この地におわす神の諸縁《しょえん》、由縁《ゆえん》、謂《いわ》れ、それだけではなく、本来つながりし神と人の思い、その導きをするものがおらなければ、人の心を束ねることはできず。

神の道、人の道を束ねる者こそが国をまとめ、人の思いをまとめ、子孫繁栄を願う民の生き様の鏡となるものである。おわします神々のもと、かけがえのない天皇《すめらみこと》の思い、行く末の世、混乱なく束ねまとうこと、それ我の願いと役目なればこそ、その思い、ひとえに噛み砕いていうわけにはいかず。

こと細やかに物事を知るには、思いを馳せる心なければ、その意味わからず。問い給いて、受け取る意志なしの心ならば、質問すらできぬもの。それ「浅はかなり！」と、己からいうがごとく、答えを問うがごとく、その問いの思いを受け取る心がなければ問う資格がないと申しておる。

もしこの世に問う物事がないのなら、それはこの世は神世《かみよ》であろう。がしかし、人が人を裁き、人を導くことが国づくりなればこそ、世に図らんず、認められずとも思い、馳せ、給いて国を束ねるがごとく、人の世の心の奥底までをも見通し、見守る者が必要となるものぞ。それこそが国司《くにつかさ》。国を治むる役目なのだが、なかなか人材はおらぬ。国惑うもの、それ心迷うと同じく国立てること、これ自らを立てることと同じく、学び、教え、教育こそが命の要であると、学び、教え、導きなさい。

時ゆえんにおいて、儚くも消え去る思いもあるが、誰かがその思いを知ることでつながり守るがごとく、書き残さないほうがよいものがたくさんあるものである。だからこそ、こうしてこの時を待っておったわけだ。これからが本番である。

6代目の国守り役目としての司、たとえ間違うことがあってもその結果を問わず、国がまとむるがごとく、導き致せと我申す。おわします神人《かみひと》、人神《ひとがみ》ともに働きまするが故に、神の心と人の心を合わせ給いて頼み申す。よろしく頼みまする。

※　※　※

メッセージにある「6代目の国守り役目としての司」という意味ですが、2013年の出雲神事の際、私は自らが大国主命の御魂であるとわかりました。その大国主命を指すものと思われます。

また、神事仲間の一人である関西の神男は、四国で須佐之男命を守っていた神官の御魂をもっていました。私とともに神事を行ったことで真実を知ったのです。大国主命が須佐之男命の神力を手に入れるために四国を制圧したとき、その神官の命を奪っていたことがわかり、私は人として彼にお詫びをしました。

私たちは個人的な理由で神事を行ったわけではありません。天皇家、日本、そして地球を守ることをいちばんの目的として神事を行いましたが、結果として、自分の御魂が抱える問題を解決することもあるのです。

八幡神・応神天皇の父親は武内宿禰だった！

神事の中で、応神天皇は武内宿禰の子どもであることが判明しました。歴史書によると武内宿禰は第８代・孝元天皇の曽孫とされているので、武内宿禰の子どもである応神天皇も、当然ながら天皇家の血筋ということになります。

逆にいえば、天皇家と血がつながっていなければ皇室には入れません。過去の争いをおさめ、民の思いを一つに束ねるという意味では非常に難しい情勢でしたが、誰をどのポジションに立たせるかによって国の運命が決まるのです。

どちらの立場の者でも納得できる人選が必要だったため、武内宿禰が采配をふるって、新羅系と百済系のいずれの血筋でもある応神天皇に白羽の矢を立てました。

ある日の神事で、武内宿禰の御魂は、次のようなメッセージを私に伝えてきました。

※　※　※　※

応神天皇は誰の子どもか、そのルーツを明かしてはならぬ

土地の神、つまり原初キリスト意識が含まれる

原初キリスト意識を統合した場所は九州の中心地？　天孫降臨の地？

八幡の神にクロスが入っているのか？

丸十字は「イエス」であり、キリストは「ノー」といっている

日本中にある八幡宮のご祭神は、応神天皇である

※　※　※　※

応神天皇は、天皇家の思いや先住民の思いなどのすべてを理解している方なので、ご自身

から何かをいうことができません。そのすべての思いが応神天皇のお墓の中にしまわれています。

前方後円墳の形が象徴するように、真実は封印されて鍵がかけられているのです。霊視をすると、古墳の内部には壺などが見え、その壺の背景やストーリーまでがわかります。だからこそ、絶対に開けることができないのです。

じつは出雲の神である須佐之男命は、応神天皇と同一の可能性があります。この事実を隠すために「須佐之男命」という影の存在を立て、いっさいのやり取りを消す役目として幽世《かくりよ》の神とするのは理解できます。

須佐之男命には「影の神力」という意味があり、巫女の神力とは統合していないのかもしれません。

これまでに神事で降りてきたメッセージは、私の推測も含んだ解釈になっています。神々は私の作業を見守ってくださっているので、その解釈が間違っていると強い神かかりが起きますが、ほとんどの場合は沈黙されているので間違いはないと思っています。

２０１３～２０１５年にかけて全国各地で行ってきた神事では、たくさんの神々の思いに耳を傾けてきましたが、その内容を知れば知るほど表には出せなくなります。真実が明かされることによって神かかりになり、苦しむ人や御魂が必ず出てくるからです。

それでもこうして神の思いを伝えているのは、天皇家と日本国とのつながりを、多くの日本人に正しく理解してほしいからです。

そして、現人神《あらひとがみ》といわれる歴代天皇のバックボーンには、神の存在があることも忘れてはなりません。次にご紹介する宗像三女神は、相当強い神力を発揮して天皇家を支えていることがわかりました。

宗像三女神の神力の謎を解き明かす

記紀によると、天照大神が弟神の須佐之男命に対し、「あなたの心が清く正しいことを証明するために、誓約《うけい》をして子どもを生みましょう」といいました。それを承諾した須佐之男命は、天照大神に自らの十握剣をわたしました。天照大神はそれを3つに折り、噛み砕いて吹き捨てると、多紀理比売《たごりひめ》、田寸津比売《たぎつひめ》、市寸島比売《いちきしまひめ》という美人三姉妹の神様が生まれたというストーリーです。

この三女神は、天孫降臨の際に天照大神より「九州から中国・韓国へとつながる海の道、日本の玄関口を守護し、天皇をお守りするとともに、国家繁栄のための祭祀を行ってください」との神勅を受け、宗方の地に降りたことから「宗像三女神」の名で呼ばれるようになりました。

現在では、いずれも世界遺産に登録されている宗像大社（福岡県宗像市）と厳島神社（広島県廿日市市）のご祭神として、宗像三女神が祀られていることは知られています。

宗像大社は、沖ノ島にある沖津宮《おきつみや》、大島にある中津宮《なかつみや》、田島（本土）にある辺津宮《へつみや》という三宮の総称です。

本土にある宗像大社内の辺津宮には三女の市寸島比売が、そこから沖合11㎞にある大島の中津宮には次女の田寸津比売が、さらに沖合60㎞にある玄界灘のまっただ中に浮かぶ沖ノ島の沖津宮には長女の多紀理比売が祀られています。九州本土から朝鮮半島に向けて並ぶ島にそれぞれが鎮座し、海の安全を見守ってくださっているのです。

沖津宮のある沖ノ島は、皇室による国家安泰の祈りが捧げられている御神体島。通常一般人の立ち入りは禁止されており、本土の辺津宮から神職一人が10日交代で奉仕をしています。年に1度、人数を限定して入島が許されますが、女人禁制のため女性は立ち入ることができません。しかも、上陸する際には全裸になって海で禊をするなどの厳しい掟を守る必要があるのです。

宗像三女神の1柱である市寸島比売は、その美貌と水の神様という共通点から、神仏習合思想によって弁財天と同一化され、「弁天様」の名でも親しまれています。

2013年2月、宗像三女神の総本社である福岡県の宗像大社で三女神および弁天様の神力を解き明かすための神事を行いました。これは日本の女性たちが生まれもった神力を解き放つと同時に、天皇の神力を明確にすることを目的とします。この神力の解明こそが、日本人の意識を次の段階へと導く大きな原動力になるからです。

ところで、宗像三女神が降臨した宗像の地を支配していたのが、その名も宗像氏です。神話の時代から戦国時代まで続いた名家で、当時は北九州一帯を広く支配していた海人族《あまぞく》でした。天皇家に身内を嫁がせることで外戚になり、大和朝廷と手を組みながら日本の海域を取りしきる重要な役目を担っていました。

海人族も元は渡来人であり、南方をめぐって南西諸島から黒潮に乗って北上するルートで日本にやってきました。沖縄の各島では、シュメール民族をルーツにもつ海人族を「五穀の神」として祀っていることは、第4章でも触れた通りです。

出雲神話では、大国主命の息子として登場する建御名方神も宗像一族であり、その名前には「強い宗像」という意味が含まれています。このことから宗像氏は、九州だけでなく出雲地方にも海運を広げていたことがわかります。

神話の中で建御名方神は、出雲の国譲りの際に百済族（のちの伊勢族）の祖霊神である武甕槌神《たけみかづちのかみ》によって諏訪に追いやられてしまいますが、この諏訪の地で現代も続く祭りが「御柱祭」。宗像三女神をご祭神とする宗像氏の御魂は、天照大神の神勅もあって、日本古来の文化風習である奇祭を守り続けているのかもしれません。

原初キリスト意識を降ろした安曇族

宗像三女神を語るうえで外せないのが海人族（宗像氏）および安曇族です。古い時代には九州北部に住み着き、海の民として朝鮮や中国との交流を行っていました。全国の綿津見神社・海神社の総本宮、志賀島《しかのしま》にある志賀海神社（福岡県福岡市）には、伊邪那岐神の禊祓《みそぎはらえ》によって出生したといわれる底津綿津見神《そこつわたつみのかみ》、仲津綿津見神《なかつわたつみのかみ》、表津綿津見神《うはつわたつみのかみ》の綿津見三神が祀られています。

志賀島といえば、第5章で触れた「沼島の王が奴国の王に贈った金印」が出土した島です。歴史書には「神功皇后が新羅征伐の際に、志賀島に立ち寄った」とあり、安曇族が戦いの舵取りを務めたとも記されています。

安曇族は、市寸島比売を大巫女として原初キリスト意識を九州の地に降ろした一族といわれています。つまり、九州の天孫降臨に大きく関わっているのです。天孫降臨の神事では、市寸島比売のほかに、原初キリスト意識を日本に運んだ卑弥呼や中国系秦氏も加わりました。そのため、安曇族は「原初キリスト意識の神力を束ねた一団」ともいえるのです。

その後、神功皇后の三韓征伐をきっかけとして、安曇族は全国各地に散らばりました。その主要な場所の一つが長野県諏訪のさらに奥にある安曇野です。

新羅系だった安曇族は船に乗って九州の地を離れ、大阪の難波宮から上陸して、武力も神力もある百済族（伊勢族）から逃れるように奥へ奥へと進み、長野の安曇野にたどりつきました。

同じ時期、大和朝廷の近くにいた諏訪族も、関西から遠く離れた諏訪湖の周辺まで逃れてきました。関東では、鹿島神宮および香取神宮にも新羅系渡来人が定住しています。このように大和朝廷から逃れてきた新羅系の部族をまとめて「安房族」と総称したようです。

渡来した知恵や技術の大元はシュメール文明

海が見渡せる小高い山の上にある志賀島の志賀海神社。こちらで神事を行った際に、ある巫女を通じてさまざまなメッセージを受け取りました。

古い時代、九州には「住吉の神」を祀った一団が住んでいました。彼らは福岡県博多市↓山口県下関市↓大阪府大阪市と移り住み、のちに天皇の最初のお住まいとなった難波宮《なにわのみや》を建てたそうです。

以前に行った関西神事でも、「住吉の一団は建築技術に優れていたので、特殊な技術によって社をつくり、祀り事に関する準備を整えた」との神言葉を受け取っていました。

天皇家のご神体である三種の神器を関西まで運んだともいわれる住吉一族。九州の地を女神の神力で守っていた安曇族との関わりも当然あったのでしょう。

宗像大社の神事では、伊豆諸島や関東東部に入ってきた民族が、物部族と安曇族であると同時に、原初キリスト意識の巫女集団であることがわかりました。いずれの一族も同行した大巫女に乗るかたちで強力な神を日本へ運んだのです。これには沖縄や九州の地域すべてが関わっています。

志賀海大社（福岡県福岡市）の境内にある松尾社では、そこに祀られている大山咋神によって「凧のようなもので航海してきた、高度な技術をもった集団」だと教えられました。

簡単にいうと、大きな帆船です。当然、ヨーロッパ系の技術で中国系ではありません。高度な技術をもっているということはシュメール民族をルーツにもつ、西洋の国から来た民族の可能性が高いでしょう。西洋の知恵、地球上の知恵の根っこはすべてシュメールだからです。

志賀海神社にはたくさんの小さな社が祀られているため、一社ずつたずねていきました。すると、「九州の安曇族は天孫降臨に力を貸した一族」とのメッセージが降りました。

中国系秦氏は、おもに稲荷神社で祀られています。稲作・水田・錬金術などを日本に伝えた一族であり、日本文化に多大な功績を残しました。秦氏が伝えた錬金術は大陸を経由して日本に入り、その技術は九州に集まりました。

志賀海大社（福岡県福岡市）

もちろん、これもシュメールからの伝承です。

古代の九州には大小さまざまな国が興り、知恵も技術もありました。縄文文化はけっして低俗なものではなく、むしろ驚くほど高度なものでした。

これまで降りた多くの神言葉の意味を深く理解するため、何度もサニワをくり返しながら、隠された真実の一つひとつをつなぎ合わせる作業をしています。真実が明るみに出るたびに、その事実を隠して守ってきた民族への敬意を感じずにはいられません。

神功皇后は、宗像三女神の一人だった

２０１３年３月、福岡県の宗像大社にて、宗像三女神をひも解くという神事を行うことになりました。

その前夜、私は夢の中で「オキナガタラシヒメノミコト」という声を聞きました。調べてみると、『日本書記』の記述で神功皇后のことを気長帯比売命《おきながたらしめひめのみこと》と呼ぶそうです。なぜ宗像三女神の神事でこの名前が出てくるのか、最初はよくわかりませんでした。

さらに調べてみると、神功皇后の父親は第９代・開化天皇の玄孫である息長宿禰王《おきながのすくねのみこ》でした。

つまり、神功皇后は天皇の血筋だったのです。

神功皇后の母親は天日矛裔《あめのひぼこのすえ》、別名・葛城高額媛《かずらきのたかぬかひめ》と呼ばれ、古代皇族である彦坐王《ひこいますのみこ》の4代孫。古代皇族とは現在の皇族ではなく、九州の地に国を興した頃の皇族を指します。

私はこのとき、神功皇后は宗像三女神の1柱であることに気づきました。『日本書記』では長女とされている多紀理比売《たごりひめ》のことです。

神事の際にそのことを市寸島比売の御魂に問うてみると、神かかりになることもなく無言でした。真実の場合は無言になるため、答えは「イエス」となるのです。


応神天皇を神功皇后の子どもとして知らしめることで、多紀理比売と同一である神功皇后の神力を、現在の天皇家につながる百済族が手に入れました。

宗像大社の神事では、唯一対話をしなかったのが長女とされている多紀理比売でした。もっとも明かしてはいけない「神功皇后との同一」という真実があるため、口をつぐんでおられるのでしょう。

神功皇后は、無念ながら三韓征伐で自分の故郷を攻めなければならなかった。この出来事をきっかけに、新羅系から百済系に天皇家の体制が変わりました。要するに、天皇家の血筋が変わったのです。

神功皇后、応神天皇、武内宿禰という天皇家の血筋で戦略に長けた人物が揃っていなければ、これほどスムーズに物事はおさめられなかったでしょう。

記紀によれば、宗像三女神のうち多紀理比売《たごりひめ》と田寸津比売《たぎつひめ》の2柱が大国主命へ嫁いでいます。嫁ぐといっても現代のような恋愛結婚とは異なります。国同士が戦ったとき、勝った国は相手国の長《おさ》を殺しますが、その国の民の命を救うため、妻や子どもを受け入れる場合があります。そうすることで民の命が助かるのです。

出雲国の長だった大国主命に妻がたくさんいたのは、戦って勝利した結果なのです。相手国の妻や子どもをわが家族に迎え入れ、相手国のすべての民も受け入れるかたちで他国を吸収していったのです。

宮地嶽神社での田寸津比売からのメッセージ

宗像三女神を祀っている神社のうち、宮島にある厳島《いつくしま》神社と琵琶湖にある竹生島《ちくぶじま》神社では、奥津宮に市寸島比売《いちきしまひめ》を祀っています。それに対して、江ノ島にある江島神社では、奥津宮に多紀理比売を祀っています。このように長女・次女・三女の位置関係が神社によって異なるのは、3柱の血筋が同じではない（姉妹ではない）という証拠になります。その土地を守る民の思いによって、祀る順序が変わってくるのです。

福岡県福津市にある宮地嶽《みやじだけ》神社の境内には、本殿のほか「奥之宮」と呼ばれる8つの社が建っています。これらの社の配置によってさまざまなメッセージを読み解くことができます。気になったのは、ご祭神である神功皇后の社の前に、宗像三女神の次女・田寸津比売の社が置かれていること。この意味は、地元の神を抑えつけるためだと考えられます。言い換えれば、過去の思いを抑えつけるという位置関係です。

かつて九州の地を一つにまとめた倭国は、大和朝廷の礎を築きました。この国の王様に嫁いだ田寸津比売は、原初キリスト意識にもとづく物部族の大巫女です。

宮地嶽神社の神事では、田寸津比売の御魂から次のようなメッセージが伝えられました。

※　※　※　※

私たちは、遠く離れた場所から船でこの地にやってきた民族です。

最初はとても苦労しましたが、この地の民はとても協力的で、私たちの教えることを理解してくれて、自然と共生しながら豊かに生きていました。命を育む存在に感謝し、命に感謝すること。そして、命をつないでくださる神に感謝することを先住民に教えました。

あとからこの土地にやってきた民族は、多くの争いをもち込みました。そして、多くの民も犠牲になりました。それでも命をつなぐことを大切にしてきたからこそ、先祖の祀り方が変わろうともすべてを受け入れてきたので、神に対する思いに変わりはありません。

本殿に祀られている神功皇后もこのことはご存知ですが、私はそれを話す立場になく、また話してはいけない立場だということをご理解ください。私たちはすべてを受け入れる原初キリスト意識の心を大切に守ってきた民族なのです。

※　※　※　※

これまで行ってきた重要な神事では、降りてくる神からのメッセージと、その思いの強さに苦しむ経験をしてきました。私たちは何が起きても決して他人を問わず、我を主張しないというルールのもとに神事を行っています。

市寸島比売と卑弥呼は同一人物だった⁉

市寸島比売と卑弥呼が同一人物という可能性があります。

大和朝廷も強力な大巫女を望むため、もっとも手に入れたかったのは、当然ながら市寸島比売か卑弥呼でしょう。

この2人の関係性についてもう少し深く調べてみました。安曇族が守ってきた原初キリスト意識の大巫女が市寸島比売だとすると、あとからやってきた卑弥呼が、市寸島比売と接触して神力を統合したことは十分に考えられます。卑弥呼の一団に市寸島比売の神力が加わったということです。

ところで、卑弥呼と瀬織津姫《せおりつひめ》が同一人物か？という疑問もあります。なぜなら、卑弥呼には天の御光を地上に降ろし、再び天へ返すという驚くべき神力があるからです。

それでも地球を見守る瀬織津姫と同一かと問われれば、それは違うといわざるを得ません。宇宙巫女の瀬織津姫は、大巫女の卑弥呼よりもさらに高次な存在。卑弥呼の神力は、瀬織津姫の神力の一部と考えたほうがよいでしょう。

海、川、山、大地などに祀られている市寸島比売は、神話でも重要な意味をもつ、人間として実在した大巫女です。一人ではなく、何人もいるのです。

人類存続に必要なすべての自然界の力（龍神の力）を統合し、その自然さえ動かすことができます。「母なる海の申し子」として崇められ、沖縄でもっとも恐れられている龍宮底神《りゅうぐうすくしん》の子どもだと考えられます。海の底の恐ろしい領域を守っている大巫女は、命を生み出す根幹の力をもっています。沖縄の神人《かみんちゅ》はみな口をそろえて「龍宮底神よりも怖い存在はいない」と強調します。

地獄の底ほどの深さがある龍宮底神は、女性の子宮につながっているといわれます。子宮は命を育む場所であり、すべての生命は海から生まれています。命が生まれるもっとも大切な神の元が、龍宮底神なのです。

日本国と天皇家を支え続けてきた母の愛

神事といえば一般的に血筋を含めて男の世界ですが、天と地をつなげた大巫女の存在も当然あるでしょう。しかし、大巫女はその名を残すことなく、たいてい歴史から消えてしまいます。

その意味で沖縄には、女性中心の文化が根付いており、古い文献にも女性の神人の活躍が記されています。

私も沖縄での神事の際には、何人もの優秀な神人に協力してもらいます。なかでも沖縄の歴史に詳しく、誰もがその霊力を認める神人がいます。２００７年の神事では巫女として支えてもらいました。

その女性は50年以上も琉球古神道を守り続けてきた中で、多くのことを神々と対話してきた実績があります。ある神事では、「この内容を頭に入れてから、神と対話をしてください」といわれ、天皇家の血筋に関する大事な情報を手渡してくれたこともありました。

その大事な情報とは、「カヤナルミ」という人物についてです。出雲の歴史が記された書物にだけ登場する男神で（多くは女神とされている）、その書物には味耜高彦根神《あじすきたかひこねのかみ》と事代主神とともに皇室を守護する役目がある神だと書かれてあります。記紀には登場しないため、一般的な知名度はほとんどありません。

大国主命の系図に登場するトリナルミやヌノシトリナルミはどちらも男神ですが、名前の音が「カヤナルミ」と似通っているので、何か関連があるのかもしれません。

宮古島―沖縄本島―出雲―伊勢をつないだ天照神事のとき、天皇家の血筋をもつ子どもを生みながら、その立場を隠さなければならなかった母親たちの思いがもっとも重要な部分でした。この母の愛で日本が、そして天皇家がずっと支えられてきました。

私は、母親がわが子に注ぐ愛ほど純粋なものはないと考えます。このような感覚が、すべての女性に本能として備わっています。頭ではなかなか理解できない世界ですね。

こうして日本と天皇家を陰で支えてきた女性たち、巫女たちの思い。それを悲しみの感情ではなく、愛に包まれる感覚でぜひ受け止めてみてください。

第7章

南北朝カルマの解消と日本人の役割

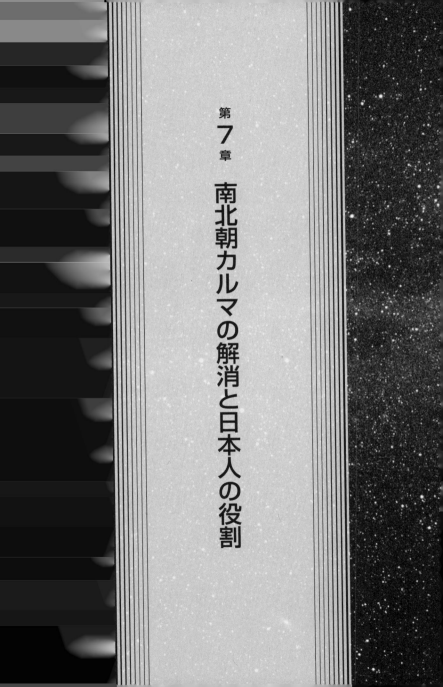

倭国の誕生と神武東征の流れ

日本が「日の出《いず》る国」と呼ばれる理由は、約6000年前、宇宙の創造主からの啓示を受け取った大巫女たちが、世界各地から東の果てを目指して移動し、日本列島にたどりついたことからはじまります。そして、日本の先住民（縄文人）に「母なる命の元」である神の概念を伝えました。古神道の精神文化は、こうして大巫女から受け継いだものなのです。

関西では、琵琶湖周辺に鏡族という名の巫女集団がいたことが記録されています。琵琶湖の北側の湖底から銅鏡が何百枚も発見されていますが、銅鏡を拝む信仰があった当時の鏡族は、銅鏡を琵琶湖に沈めて湖に太陽や月の光をつなぎ、琵琶湖自体を大きな「水鏡」に見たてて祈りを行っていました。

約4000年前、約2000年前にも大巫女たちが船で日本にやってきました。彼女たちの目的は、地球上のすべての民族が抱えている宇宙カルマの記憶を一掃することでした。そのため、宇宙の創造主からの啓示にもとづき「陽の元をつなぐ祈り」をする場所を求めて東を目指し、日本にやってきたのです。

そして、最後に日本へやってきた大巫女が、邪馬台国を築いた初代の卑弥呼でした。卑弥呼は一人ではありません。その名前と神力を受け継いだ歴代の卑弥呼が何人も存在したので、

「初代」と表現しています。

古代日本には、大巫女だけでなく世界各国からたくさんの民族が東の果ての国を目指してやってきました。そして、大巫女の祈りの力によって多くの民族がもっていた神の概念を一つにまとめ、国家統一を果たしたのが「日本」のはじまりになります。『日本書紀』の記述によれば、神武天皇の即位によって日本という国家が生まれた西暦紀元前６６０年のことです。

それ以前の日本には、九州地方を中心に小国がたくさんありましたが、国家や思想はまだ統一されていませんでした。

九州北部に倭国が誕生すると、九州にあったその他の小国の民は、倭国に吸収されるか、沖縄や淡路島、関西、関東へと移り住んでいきました。東北から北海道にかけてはその寒さから移り住む一族が少なく、もともとそこに暮らしていた先住民がほとんどでしたが、別ルートで神の概念が伝わった記録も見つかっています。追ってご紹介しましょう。

ところで、初代・神武天皇も九州で誕生し、40代まで故郷で過ごしました。のちに九州から関西へ移動します。これを「神武東征」といいますが、その過程については歴史書には詳しく記されていません。

神武天皇とその一団は、理想の国家をつくるために九州を出て、四国、島根、岡山、広島、兵庫、近畿というルートで移動しました。その先々には土着の先住民だけでなく、中国から逃げてきた渡来人がすでに多く住み着いていましたが、神武天皇は彼らとうまく交流しながら国家統一の礎を築いていきました。

そして、八咫烏《やたがらす》に導かれながら奈良にたどりつき、葦原中国《あしはらのなかつくに》をつくりました。

同時期に、奈良の三輪山山麓（大神《おおみわ》神社の周辺）では忽然と大神殿群があらわれます。そして、この地に全国各地から祭司や巫女が集結し、祈りのための都市が築かれたのです。続いて、纏向石塚古墳や箸墓古墳などの前方後円墳が造営され、こうして西から運んできた神の概念を日本に根付かせるための祭祀場ができあがりました。

その後も、神武天皇を追うかたちで九州から関西へ多くの民族が移動してきました。関西に集まった彼らは、最終的に神武天皇を天子と定め、民族の和合を象徴する神として「天照大神」を祀ったのです。

沖縄に残る神を運んだ大巫女の記憶

本島から離れた沖縄にも、大巫女によって神の概念が伝わっています。

当然ながら、そのことは歴史書には書かれていませんが、沖縄神事でお世話になった神人《かみんちゅ》たちが、祈りの中で神と対話し、知られざる歴史上の事実をたくさん導き出してくれました。彼女たちには、その裏付けとなる資料を探し当てる能力もあるのです。

ところで、日本になる前の沖縄の歴史を見てみると、いまから570年ほど前、1429年から1879年の約450年のあいだは「琉球王国」として統一されていました。それ以前には、北山《ほくざん》・中山《ちゅうざん》・南山《なんざん》という3つの国に分かれ、それぞれに王様がいて、中国や日本と貿易をしながら和合を保っていたのです。

この三山時代は長く続きましたが、あるとき中山が北山を滅ぼし、さらに南山が（北山を含む）中山を支配しました。そして、琉球王国として統一され、元の南山の王様が実権を握ったのです。

三山時代よりも前にあった城《ぐすく》時代では、各地をまとめていた按司《あじ》と呼ばれる豪族同士の覇権争いが絶えませんでした。この豪族の多くは中国系渡来人であったと推察されます。

さらに古くは、奄美諸島から八重山列島にかけての島々に、約3万2000年前から人類がいたことがわかっています。この長く平和な期間を沖縄の言葉で裸世《はだかゆー》といいます。

話を琉球王国時代に戻しましょう。琉球王国の王様は、第一（初代）尚氏王統と第二尚氏王統に分けられます。同じ「尚」という苗字を使った一族ですが、それぞれに血筋が違います。末裔の墓が違う場所にあることでも血筋の異なることが裏付けられています。

第二尚氏王統の始祖は、伊是名島の英雄として知られる尚円王ですが、彼は元農夫でした。この尚円王が第一尚氏王統に対してクーデターを起こし、政権を奪取したことで新しい王朝がスタート。その後約４００年間、第二尚氏王統の支配は続きました。

この政権交代において、尚円王は当時在位していた第一尚氏王統の王様を毒殺していることが私の霊視でわかりました。一般的には知られていない事実です。

琉球王国のルーツは中国系渡来人です。王様が殺されると、親族はもちろん側近やブレーンもすべて殺されます。反逆を恐れてその血筋のいっさいを断つのが中国流のやり方だからです。

そして、負けた側の名前は歴史から消されます。国を支配する権力者の家系図しか記録には残さず、また男系社会であることから、妻や娘といった女性の名前も残しません。これは大和（日本）も同じです。

しかし、歴史の裏で琉球王国の発展にはじつに多くの女性の支えがありました。なかでも特筆すべきは、霊力の強い巫女の存在です。

琉球王国時代の王家には、祈りの専門部隊がありました。沖縄全土から霊力の強い女性が集められ、組織化されました。彼女たちのことを沖縄では神女《のろ》と呼びます。そのトップが聞得大君《きこえおおきみ》。王族の中で最高の霊力を誇る女性が選ばれ、他の巫女とともに国の安寧を日々祈り、先祖や神と王家をつなぐ役目をしていました。

琉球王国は、のちに宮古列島や八重山列島も支配下に置きました。王様が島を訪れた際には、島の娘と一夜を明かして子孫を残すこともありましたが、島の人たちはこの子どもの存在をひた隠しにします。なぜなら、王様の「落とし種」だとわかると、王族が失墜したときに容赦なく殺されることを知っていたからです。そのような記録がいまも島に残されています。

宮古島の神事では、当時の王様とのあいだに子どもを授かった女性の御魂と対話をしました。子どもの父親である王様の名前は明かしてもらえませんでしたが、「王が、この島に来たのは確かです」とのことでした。彼女は、生まれた息子の命を守るために「女の子」として育てたそうです。

ところで、かつて私が沖縄で神事を行ったときに、神との対話の中で裸世《はだかゆー》と呼ばれた時代の話が出てきました。

裸世とは、裸で暮らしていた先住民・裸族の時代のこと。琉球王国が建国されるよりもはるか昔のことです。

彼らは海のそばの洞穴に住み、魚や木の実を採って暮らしていました。ちょうどその頃、ヨーロッパから神の概念を伝えるために大巫女が沖縄の島々へやってきたのです。

日本の最西端にあたる与那国島にも、その昔、ヨーロッパから船が着いたという記録が残っています。長い航海では寄港した土地で食料や水を補給しますが、その目的で与那国島にも立ち寄ったのです。

船員たちは、到着してすぐに村長へ交渉しました。すると、島には「他者を受け入れない」という独特な文化があったので、村長は「食料と水を提供する代わりに、1日でも早く島を離れてほしい」と頼みました。

一方で島民たちは、はじめて見る西洋の人間に興味津々でした。村長から島民に対して「船には絶対に近寄ってはいけない」との通達がありましたが、好奇心の強い一人の女性が夜中にこっそりと船に乗り込もうとしました。そのため、村の掟をやぶったとの理由で彼女は殺されたそうです。

私が与那国島を訪れた際、その女性の体を八つ裂きにして葬ったという洞穴を見つけましたが、彼女の御魂は、この場に縛りつけられた状態で祟り神になっていました。

そこは龍の棲む洞穴として有名な場所でしたが、龍と女性の思いが混じりあい、奥まで進めないほどの強い念が渦巻いていたのです。

地元の人からは「ここに来ると霊障が続くので、結界を張って何度も封印し、祈り人まで雇った」と聞きました。

与那国島は、日本最西端の島としての特別な役目があります。本来の機能を取り戻すために、私はこの場所で封印された結界を外し、祟り神になった女性の御魂を昇華させるために祈りました。

すると、すごい形相で洞穴の奥からこちらを睨みつける赤い目をした女性が見えました。私はその存在と真剣に向き合い、過去のお詫びをし続けた結果、ようやく対話ができ、女性の御魂は解放されました。

あとから神事でわかったことですが、古い時代の沖縄、とくに八重山列島や宮古列島にはヨーロッパからの船が定期的に寄港していたようです。これが大巫女たちの関わった、天皇家の母系の血筋です。ヨーロッパの船は八重山列島や宮古列島から沖縄本島やその周辺の島々、九州の南にある島々を経由して本土へ入ってきました。

沖縄の古代史をひも解くと、この国に神の概念を伝えた大巫女たちの軌跡がはっきりと浮かび上がってくるのです。

ヤハラヅカサで原初キリスト意識の封印を解く

2012年6月に行った諏訪神事の翌日、原初キリスト意識が日本へ伝わったいきさつについて、次のようなメッセージが私に降りました。

※　※　※　※

原初キリスト意識はユダヤであり、物部氏だが、一般的にいわれている安房族と同じではない。純粋な部分だけを守った民族のことであり、それは船で日本へ渡ってきた一団のことである。

ヤハラヅカサの箱の中には、これまで守ってきた魂が入っている。封印を解き、天に、地に、民族に、神に、光をつなぎなさい。私たちはイエスを愛しています。

※　※　※　※

天皇家にも深く関わる原初キリスト意識ですが、ヤハラヅカサにその鍵があるとのメッセージには心底驚かされました。

ヤハラヅカサとは、琉球の創世神・アマミキヨが降り立ったとされる沖縄本島南部の史跡の一つ。百名ビーチの海中には琉球石灰岩でつくられた石碑が立ち、干潮時にその姿を見ることができます。

ヤハラヅカサ（沖縄県南城市）

沖縄で伝承されている琉球《りゅうきゅう》開闢《かいびゃく》神話には、日本神話における天孫降臨の場面とよく似た国産みの伝説があります。海の彼方にある理想郷・ニライカナイから降り立ったアマミキヨとシネリキヨという男女神が沖縄

の島々をつくるというもの。この2柱は、『古事記』に登場する伊邪那岐神《いざなぎのかみ》と伊邪那美神《いざなみのかみ》にあたると考えられます。男女神は子どもを授かって洞穴に暮らし、その子孫が琉球人として繁栄したというストーリーです。

私は、このメッセージが降りてすぐに沖縄で神事を行うことを決めましたが、沖縄神事によって原初キリスト意識の封印が解かれれば、地元で長年信仰されてきた琉球開闢神話のルーツも同時にひも解かれることになります。

古代の沖縄、まさに裸世の時代に海の彼方から沖縄の島々にやってきた人たちが原初キリスト意識を運んだ大巫女の一団だとわかれば、代々神事をしてきた地元の神人たちに不安や迷いが生じ、神かかりが起きるかもしれません。

私は、沖縄の神事仲間とともに慎重に計画を立てました。

すると、沖縄の神事仲間から「まずは来間島《くりまじま》で祈ってください」と頼まれたので、私は宮古列島にある来間島へ向かいました。

来間島は、宮古島から橋でつながっている小さな離島。来間島に到着した私は、港近くにある「龍宮神の祈り場所」で神事を行うと、次のようなメッセージが降りてきました。

※　※　※　※

古い時代、原初キリスト意識をつないだ一団は、何艘もの船でこの島にやってきました。彼らは飲み水を求めていたので、水が湧き出る場所を見つけてとても喜んでいました。

※　※　※　※

この水が湧き出る場所とは、かつて島の人の生活を支えていた井戸のこと。地元では「来《ク》間《マ》ガー」と呼ばれています。断崖の上にあり、島に水道が通る前は、島内唯一だったこの湧き水をくみに、住民たちは１００段近い石段を昇り降りしたそうです。

来間ガーのさらに上にあるのが「来間御嶽《うたき》」。続いて、私はここでも神事を行いました。この御嶽に祀られている神様は、次のようなメッセージを伝えてきました。

※　※　※　※

私たちは湧き水を見つけたあと、食べ物を探しました。この島には木の実や果物しかなかったので、断崖を登ってさらに上を目指すと集落を見つけました。そこに暮らす民たちが貴重な食べ物を分けてくれたのです。

私たちはその行為に感謝して、4名を集落に残し、次の島へと向かいました。島に留まった4名は、島民に作物の種子やその育て方、命をつなぐ知恵などを授けたため、彼女たちはこうして御嶽で神として祀られています。

※　※　※　※

来間島での神事を終えて、私たちは沖縄本島の南城市に向かいました。ヤハラヅカサへ行く前に、神事で使う水をいただくために垣花樋川《かきはなひーじゃー》を訪れました。偉大な自然神に守られているこの場所は、清らかなエネルギーに包まれ、絶え間なく水が湧き出ています。

ここで水をくんだ私たちは、干潮時間に合わせてヤハラヅカサへ向かいました。そして長い時間、海に入って祈りました。

神は、かつて大巫女に託した「ソロモンの鍵」を私の体に入れることで、重要な場所の封印を解くことを許してくださいました。

神事仲間から聞いたのですが、最前列で祈っている私の後ろに白いサギが舞い降り、祈りが終わるまでじっとたたずんでいたそうです。神の使いである鳥は、よくこうして神事を見守ってくれています。

裸世の時代、ヨーロッパから最初にこの場所（ヤハラヅカサ）へやってきた一団はシュメール人でした。何度も途中で引き返しながら、あきらめず航海に出続けた結果、苦労の末にようやく沖縄へたどり着いたそうです。

琉球王府の古文書によると、琉球の創世神・アマミキヨは天から五穀の種をもらい、それを久高島にまいて、この島から琉球王国に稲作などをもたらしたと記されています。この記述から、アマミキヨとは五穀の種子を携えて農耕をもたらした渡来系民族だったと推察できます。

しかしその本当の目的は、大巫女の祈りの力によって博愛思想の原初キリスト意識をこの地に根付かせることだったのです。

シュメール人に続いて、インドや中国の一団もやってきました。インドの王様を乗せた船は、たくさんの護衛船を引き連れて船団となってあらわれました。たくさんの食べ物を持参し、航海のための高度な技術や知恵もあったそうです。

その船には刺青《いれずみ》をした人たちが乗っていました。いまも沖縄には刺青の風習がわずかに残されていますが、そのルーツは古代に船でやってきたインドの一団でした。当時の刺青は単なる装飾ではなく、民族の血縁を守り継ぎ、伝承するためのものでした。図柄によってどの部族の出身であるかを判別したのです。

かつて琵琶湖周辺に住み着いた鏡族のルーツも、おもにヨーロッパから南方をまわり、沖縄・九州を経由して福井県の常神半島に入った巫女集団でした。その鏡族にも、全身に刺青を入れる風習があったことは前述した通りです。

私が神から託された「ソロモンの鍵」を使えば、過去に封印された記憶のすべてを開くことができます。ヨーロッパから最果ての地である日本を目指し、原初キリスト意識を伝えるために航海に出た大巫女の記憶そのものを、私の手（内在するソロモンの鍵）によって公開する日が来たということです。

古代の日本に大巫女が伝えた原初キリスト意識を別の言葉で表現すれば、「生きること自体が愛であり、生きるということすべてが愛である」という思いではないでしょうか。

沖縄に運ばれてきたもっとも古い神とは、琉球王国時代でも、それ以前の三山時代でもない裸世《はだかゆー》と呼ばれる時代に、大巫女が運んできた原初キリスト意識でした。これはイエス・

キリストを信仰する現在の一神教とは異なる、琉球古神道の元となった神の概念です。沖縄の神人たちは、大巫女の血統による強い祈り力をもっています。彼女たちの祈りは、原初キリスト意識そのものです。世界平和を祈り、日本と天皇に感謝し、民の平安を祈り続けている人たちが沖縄にたくさんいます。だからこそ、現在の日本は、沖縄の祈り人によって守られているといってもよいのです。

アイヌ民族に神の概念を伝えた渡来人

ロシアを経由して北海道にも神の概念が伝わりました。

これは道内にあるアイヌ民族の聖地や集落を訪ね、神事によって「アイヌが大切にしてきた思い」を聞き取る中でわかったことです。もちろん、このことは歴史の記録には残されていません。

また、アイヌ民族はオホーツク人と戦った末に勝利しましたが、このこともほとんど知られていません。なぜアイヌが勝ったかというと、一つは中国との交易により人・物・金が豊富だったことがあげられます。動物の皮や海藻類など質のよい物資を提供できたアイヌは、生計を立てる手段に恵まれていただけでなく、「貿易の相手国を攻めない」という安心も確保していました。

もともと争いを好まない民族として知られるアイヌですが、道内では少数民族同士で何度も戦っていたようです。

アイヌは、熊や鹿などを狩って食べていました。獲物となる動物たちは川に水を飲みにくるため、彼らの多くは川沿いに暮らしていました。そして、集落ごとに長老《エカシ》を置き、獲物の奪い合いで他の部族ともめたときなどは長老が仲裁に入るので、基本的にアイヌ同士での争いは起こりません。

海沿いの集落では、彼らは海産物を捕って暮らしていました。基本的に、山の中には住みませんが、本土から攻めてきた大和（日本）の民に追いやられ、山の中に逃げ込んだ旭川アイヌのような人たちもいます。

彼らは船で日本各地と交流していましたが、その歴史的事実も残されていません。まだ羅針盤のない時代に、丸太舟で遠くは中国やアメリカまで渡っていたことを示すものも見つかっています。テレパシーを使った航海術や、イルカなど海の生物と交信するといった高度な能力をもっていた民族なのです。

私が神事をはじめた２００２年頃、アイヌの生き字引だった長老と出会うチャンスがありましたが、残念ながら、その数年前に彼は他界されていました。この長老はアイヌの歴史を口伝で残す語り部であり、古い時代に大陸から北海道へ神の概念が運ばれたことを知っている唯一の人物でした。アイヌの長老のトップだけが知りうる事実だったのでしょう。

彼の死後、私は何かの手がかりを求めて長老のご子息に会いに行きました。その息子さんは、長老だった父親からくり返しアイヌ神話を伝承されたことで、神話の内容を形にしようとカタカナでアイヌ語を書き残していたのです。

それを書籍化して自費で１００冊ほど出版していたため、私は残存する最後の1冊を譲り受けることができました。そこに書いてある内容は、アイヌ民族のことだけでなく、地球に人類が誕生するところからはじまっていました。

古い時代の北海道については、一般的にあまり知られていません。アイヌ民族は狩猟採集を中心に原始的な生活を送っているイメージがありますが、じつは宇宙の創造主とつながった非常に高度な知恵や技術をもっていました。自然万物のあらゆるものに神が宿ると考えた、八百万の神を崇める日本神道に通ずる宗教観があったのです。

そして、この神の概念をアイヌに伝えたのが、ロシアを経由して北海道に上陸した渡来系民族でした。

プレアデスの記憶をもつ人が多い理由

これまでお伝えしてきた通り、かつてこの列島に集まってきた民族の思いと、神の概念を統一した理想的な国家が「日本」です。

長い戦いの歴史にまつわる民族カルマはもちろんのこと、この地球上に転生したすべての魂がもっている宇宙カルマさえも一掃するという目的のために、日本という国は存在しています。

宇宙から地球に転生した御魂の目的は、宇宙カルマを解消する「理想国家」の創出でした。そのためギリシャやローマといった西の国からスタートし、多くの民族が最終目的地である日本を目指して東へ移動してきたのです。

日本は、神の概念で統一された国家。神武天皇の目的も「宇宙から地球に降りたすべての民族と、その民族が祀っていた神をまとめる」ことにありました。

宇宙大戦争のカルマを背負っている私たちの御魂は、宇宙時代に他者を滅ぼした経験あるいは他者から滅ぼされた経験を乗り越えるため、この世に転生することを選びました。

しかし、すべての御魂が理想国家の実現を目指しているにも関わらず、人間はいまだに戦いの歴史から抜け出すことができません。

地球に影響を与えた超古代文明も、突然のように消滅しています。すべては一瞬にして消え去りました。宇宙の歴史はくり返されるため、このままでいけば過去にどこかの星や文明で起きたことを、この地球も再現することになりかねません。

宇宙大戦争は大きく分けて２回ありました。そして、勝った側と負けた側の両者の記憶が私たちの潜在意識に刻まれています。

２回目の戦いのあと、王族たちが逃げてきたのが地球です。このことは東北神事の際にわかりました。その生き残った王族のトップが、プレアデス出身でした。宇宙の歴史ではもっとも最近の話になるため、地球にはプレアデスにいた頃の記憶をもつ人が多いのです。

日本人がもつ祈りのエネルギー

宇宙大戦争で敗北した星の住人は、自分たちの理想国家をつくろうと地球に降り立ちました。そのため、とてつもなく高度な知恵や技術をもった人間が誕生し、世界各地に古代文明が築かれたのです。

宇宙大戦争の記憶をもつ一部の人間たちは、もって生まれた知恵や技術によって支配者となり、多くの民をまとめながら他国を侵略しようと戦いを起こしました。そして、民族や文明の多くは消滅する運命をたどったのです。

このように人類や文明が淘汰されたとしても、再び地球に転生してくる私たちの御魂には、宇宙大戦争の頃からずっと積み重ねてきた勝者や敗者の記憶が刻み込まれています。

それだけでなく、地球上の大地にも太古からの争いの記憶や人々の感情が薄れることなく刻まれています。感覚が鋭い人であれば、その土地に立つだけで過去の記憶がよみがえってくるでしょう。

だから古代の人たちは、自分たちが暮らす土地に対して祈りを奉げたのです。縄文時代には社《やしろ》などなく、岩、樹木、山、海などの自然物に向かって手を合わせました。その祈りのエネルギーは何千年を経過したいまも土地に残っています。祈りに形は必要ありません。誰に教わらなくても自然に体が動く。それが本来の祈り方なのです。

宇宙の創造主が私たちに与えた使命は、民族同士で奪い合い、殺し合うことではありません。この宇宙に地球が存在する理由は、壮大な宇宙カルマを乗り越えて、すべてを愛に変えること。これは創造主によるプログラムです。

地球が滅びれば、それと同時に宇宙も滅びます。なぜなら宇宙全体が愛で一つとなることがゴールだからです。

そのためには日本人が継承してきた祈りの力が求められています。日本人の祈りの頂点、この国の神官のトップが天皇です。宇宙大戦争の頃の壮絶な記憶について、天皇ご自身はご存知ないかもしれません。しかし、天皇を守護している存在たちはみな知っています。

日本人として生まれたみなさんも、自覚のある・なしに関わらず、非常に強い祈りの力をもっています。宇宙の創造主が生み出した神の概念とその光を、自らの魂にしっかりと灯していただきたいと思います。

天皇家最大の南北朝カルマを解消

西暦2019年5月、令和元年を迎えました。日本の元号は、難波宮で行われた大化の改新時に使用がはじまりました。改元は、基本的に皇位の継承があった場合に行われます。

ところで、天皇家最大のカルマといわれるのが南北朝時代の動乱です。鎌倉時代末期から室町時代初期にかけて、約半世紀以上のあいだ戦火が止むことはありませんでした。第88

代・後醍醐天皇が後継者を指名しないまま崩御したことにより、皇統が分裂し、武士や庶民を含めたこの国の民が南朝と北朝に大きく二分して争ったのです。みなさんの先祖カルマにも少なからず影響を与えている出来事だと考えられるでしょう。

私は15年以上の地球創生神事の中で、南北朝にまつわるさまざまな事実を明らかにしました。しかしそれを公開し、天皇家に対して身勝手な振る舞いをすれば先祖を潰《つぶ》すことになりかねません。そのために私は、これまで南北朝の神事を避けてきました。

しかし、ある日のこと。偶然にも見知らぬ方が書いたブログから、吉岡家（天無神人）の先祖ルーツがすべて解明されていたのです。そこには私の先祖が南北朝時代の争いに関わった後醍醐天皇率いる南朝側の筆頭武士であったことと、それを裏付ける資料が示されていたのです。

たしかに10年ほど前、私は富山県にある父方の本家（吉岡家）の住所をたずね、自らの先祖について調べたところ、私の5代前の先祖は、約20もの村落を束ねていた人物だったことがわかりました。

当時、この一帯は後醍醐天皇の御料地であり、彼は後醍醐天皇を守る武士の筆頭株でした。近隣の山や土地にはすべて吉岡の名がつけられるほどの地位と権力を誇っていたそうです。

ブログに書かれていた神社やそのまわりの神社を訪れ、神々からその確証を得て氏子の年長者にお礼を伝えると、「もしかして、あの吉岡家の子孫ですか？」と聞かれるほど、地元では有名な一族だったのです。

現在は最後の親族も離れてしまい、その土地には誰も住んでいませんでした。

南北朝に関わる吉岡家のルーツの確証を得たので、次は、奈良県にある後醍醐天皇御陵へ出向き、直接おうかがいを立てました。

すると、後醍醐天皇の御魂は「確かに、私がその人間にブログを書かせた。その理由は、何とか南北朝の因縁をおさめるための神事をお前にしてほしいからだ」といわれました。

私は自らのルーツを統合し、天皇家最大の南北朝カルマを解消するためにも、九州の地で天皇魂神事を行うことに決めました。

じつは7年ほど前に「7月7日の夜から8日の未明にかけて祈りを捧げるように」との啓示が降りていたため、それ以降、毎年7月7日は地球創生神事の全国総会を行ってきました。

1年目を関西、2年目を関東、3年目を愛知、4～6年目を北海道で開催したので、7年目にあたる２０１９年は九州で行うことが決まっていたのです。

そこで２０１９年7月5～8日の3泊４日で、全国から集まった15名の神事仲間とともに熊本と宮崎を訪ねました。

【7月5日】押戸石の巨石群・阿蘇山・白川水源

熊本空港に降り立つ際、上空から阿蘇山とそれに連なる山々がくっきりと見え、神々がお待ちであることを実感しました。

熊本空港から最初に向かった場所は、近年話題になっている「押戸石《おしといし》の巨石群」。その山を所有している地主の娘さんが案内してくれました。さっそく一つひとつの石と対話をした私は、何の目的でここに置かれているのかを読み取り、案内役の女性には次のように伝えました。

これらの巨石は、ある星の意思でこの場所に設置されました。その星の記録を残すと同時に、宇宙船の発着場としての機能もあるとのことです。

海、湖、山のすべてが一体と

押戸石の巨石群（熊本県小国町）

なって周波数が同調したときに「動かしてよい」というスイッチが入ります。そして風がやみ、大地の揺れが静まります。

星々からの情報を受け取るアンテナのような役割がある、かなり古い時代に置かれた巨石群でした。これらを動かす時期、つまり地球最後の日に意識体が飛び立つ場所のようです。

ここに置かれた「亀石」とも対話をしました。明治神宮の敷地内にある亀石（別名、光岩）と同じく「地球の中の振動数のあらわれ」という意味をもち、全国に５〜６カ所設置されたうちの一つでした。

続いて「阿蘇山」に向かいましたが、移動の車中で神知らせがありました。

「もう少し先に行くと水が湧いている場所がある。その水を今回の神事に使うとよいぞ」という男性の声でした。私たちは地元の人も知らない湧き水の場所に導かれました。神事の際には、こうした神知らせがよく起こるのです。

阿蘇山に到着すると、噴煙のため入山禁止で、噴火口に近づくことができません。そこで私たちは、阿蘇山の神々とマグマの流れを沈めるための祈りを山麓から行うことにしました。

ときとして女性の怒りは、地球と共鳴して地震や噴火を引き起こすほどの強いエネルギーがあり、怒りを鎮める力も同じくパワフルなものがあります。そこでこのときは女性だけに祈ってもらい、男性たちは、後方から女性たちを支える祈りを行いました。

初日最後に向かったのは、阿蘇山麓に水が湧き出る「白川水源」。ここでは命水への感謝の祈りを行いました。神事の前日まで大雨が続いていましたが、この災害レベルの大雨は、天からの指令で、龍たちが九州の浄化のために降らせたものだとわかりました。

このひと月ほど前には、私のもとに「水の神が動き出します」とのメッセージが降りていました。自然破壊をやめない人間に対して、問題を気づかせるために神は動きます。熊本県内を移動すると、山肌が大きく削れて地肌がむき出しになっている光景をよく目にしますが、これは無計画に森林を伐採した結果なのです。

私たちの神事では自然破壊を続けている人間の代表として、自然界の神にお詫びをし、祈りを捧げています。とくに気になるのが、阿蘇山麓で毎年行われている野焼きです。生態系を壊して自然環境に悪影響を与えるため、ぜひ改めていただきたいと心から願います。

【7月6日】幣立神宮・天安河原・高千穂峡

神事2日目は「幣立神宮」からスタートしました。九州のほぼ中央にあり、約7000

弊立神宮（熊本県山都町）

年前にできた関東から九州まで続く世界第一級の大断層・中央構造線の上に位置しています。天御中主神《あめのみなかぬしのかみ》をはじめとした天地開闢の神々をご祭神とし、日文石版、五色神面、モーゼの水玉など貴重な品々が奉斎されている神社です。毎年8月には、世界の神々がここに集結して人類の平和を祈るという五色神祭が催されることでも知られています。

伊勢神宮や皇室とも関わりが深い神社ですが、10年ほど前まで隠れ宮として人知れず守られてきました。一般公開した理由は、「このままでは世の中の情勢がよくならない」という神の意思を継いだ宮司さんによる判断だったそうです。

東の宮・西の宮の参拝を済ませ、境内裏手にある八大龍王の伝説でも有名な「東水神宮」に向かいました。12年前にも参拝していますが、その頃と比べて池の水が枯れています。周辺の山を削って水脈の圧力を変えたことがその理由でしょう。神域の湧き水が枯れると地域の活力も無くなります。これはいま日本中で起きている現象なのです。

ここでの神事は、まず人間の代表としてのお詫びをし、「私にできることがあれば、おっしゃってください」と伝えると、神は直径1mほどの大きな「水の玉」を授けてくださいました。

私は、受け取った水の玉を本殿の裏にある「お母さんの樹」の根元に与え、周囲の木々も含めて「放射状に水のエネルギーを出す」という祈りを行いました。これで弊立神宮を囲む自然界は活性化することでしょう。

お母さんの樹

すべての祈りが終わり、本殿に戻って神様にお礼をすると、その中から宮司さんが正座をしてじっとこちらを見つめていました。その姿は「神の御姿」だとわかりました。古い時代からこの地をお守りくださっている神々に心から感謝しました。

続いて訪れたのは、「天安河原《あまのやすがわら》」の仰慕ヶ窟《ぎょうぼがいわや》です。天岩戸神社から徒歩約10分のところにある河原には、天照大神が岩戸に隠れて世界が闇に包まれたとき、八百万《やおよろず》の神が集まって相談したと伝えられる大洞穴、仰慕ヶ窟があります。大きな祠の周辺には、訪れた人々が願いを込めて積んだ石が広がっています。

私はこの場所に来てようやく、7年ほど前に神から伝えられた「7月7日の祈り」の意味がわかりました。

仰慕ヶ窟は、まさに女性の子宮そのもの。その前を流

天安河原・仰慕ヶ窟（宮崎県高千穂町）

れる川は、男性の精子を意味しています。つまり、この場所には命の循環を守る神様がいらっしゃるのです。人々はこうして積み石をしながら、堕した子どもや亡くなった家族の転生を願います。私は改めて、命の循環がスムーズになるための祈りを捧げました。

そして、「天岩戸神社」では南北朝（天皇魂）神事についてご報告しました。すると、勾玉と火（神武天皇の魂を守った沖縄の大巫女たちの思い）、蝶結びのしめ縄をいただきました。これは「南北朝神事の成功をお祈りします」という意味になります。

神事2日目の最後に訪れたのは「高千穂峡」です。前日の大雨で観光ボートは欠航でしたが、地殻変動の様子がわかる地層は十分に堪能することができました。過去に大きく4回に分けて地殻変動が起きた結果、熱い火山灰が溜まることで高千穂峡の両岸には柱状節理がつくられています。この場所には、地球の底にいる神々の意思があらわれているのです。

龍役目をもつ女性が湧き水をいただきに向かうと、赤い龍神が写真に写りました。龍雲をよく見るなど龍に守られている方々は、とくに自然界が喜ぶような行動をするように心がけましょう。

今回の南北朝（天皇魂）神事で「神の思い」を運んできたのは、沖縄から参加した一人の女性でした。彼女は沖縄本島北部にあるウッパマ龍宮底神を守る巫女でしたが、「自分でもなぜ参加しようと思ったかわからない」とのこと。

宿に戻った私たちは、彼女の心を動かした神の思いをくみ取るためにサニワを行い、九州にある龍宮底神の場所に祈りを捧げる必要があると気づかされたのです。

そして、龍宮神の門番という神役目がある男性にその場所を探してもらうと、それは大御《おおみ》神社の摂社、鵜戸《うど》神社だとわかりました。

【7月7日】大御神社・都萬神社・宮崎神宮

神事3日目、私たちはさっそく「大御神社」に向かいました。天には日輪が出て、龍宮底神が私たちの祈りを祝福してくださっています。

本殿の参拝を終えて、龍宮ともいわれる鵜戸神社に着きました。私は、赤い鳥居が祀られた洞穴の入り口を見て、ここが命を生み出す「女性の膣口」だとすぐにわかりました。

海の向こうからやってきた大巫女や渡来系民族の思いを九州の地につなぐため、ウッパマ龍宮底神を守る沖縄の巫女を先頭に、参加者全員で祈りを捧げました。これで九州全体に新しい命の循環が生まれることでしょう。洞穴の入り口に「魂の柱立て」を行い、ここまで導いてくださった神々に感謝を伝えました。

こうして龍宮底神祈りも無事に終わり、残るは、かつて日本列島を南朝と北朝に分割した天皇家最大カルマをおさめる「天皇魂神事」のみとなりました。

候補地は2カ所あり、一つは、この国を守るお母さんが祀られた日向国二宮の都萬《つま》神社。沖縄の巫女を先頭に、女性全員で祈りを通してもらいました。男性は、女性たちをサポートするように背後で祈りました。

祈りのあと、神の思いをくみ取ったある女性が、「男たちの心が整っていない！土下座してお詫びしなさい！」といいました。

武士の時代に男が土下座をすれば、「首をはねてください」というのと同じでした。男は、簡単に土下座をしてはいけないのです。とくに家長が土下座をする場合、一族すべての首をはねてよいという意味になります。そのため、妻や母が男（夫や息子）に土下座をさせないよう、必死で命乞いをすることもありました。

平安時代末期に起きた源氏と平家の戦いでも、国の民を二分することが起こりましたが、そのときのカルマはすでに神事で解消しています。しかし、鎌倉時代末期から室町時代初期にかけて起こった天皇家を二分する南北朝の争いは、そのカルマがいまだに解消されず、多くの日本人に少なからず影響を与え続けているのです。

今回の神事の参加者にも、南朝と北朝、それぞれの立場の御魂をもった方がいました。彼らの感情は、理由もなく反発する方向へ動いてしまうのです。

２００９年から続けてきた日本各地での神事は、過去の記憶が土地に残っているため、勝者と敗者、双方の御魂をもつ参加者とともに祈りを捧げてきました。同じあやまちをくり返さないために、和合の祈りを実践してきたのです。

日本人の先祖カルマが外れたことで、生きる勇気が湧いてきたり、心の葛藤が消えるといった人たちが世の中に増えてきました。地球創生神事の目的は、まさに日本人の覚醒です。そのため神事を行う場所では、その地域に生まれ育った方の協力のもとで祈りを続けているのです。


神事3日目の最後の目的地は、ご祭神に神武天皇を祀る「宮崎神宮」。そこに向かう車中、男たちの争いの心をどうやっておさめるかを考え続けました。そして、まずは私が一人で神におうかがいを立て、許しをいただくことが先決だと気づいたのです。

そこで、宮崎神宮の神様に今回の神事の目的をお伝えしたところ、「正式な所作で己の心を示せ」とのメッセージをいただきました。改めて、神職と同じ正式な祈りで儀を正しました。

続いて、男性参加者5名の「心の鏡」をきれいに磨いてから、一つのお盆に乗せて神前に差し出しました。それを神様が受け取ってくださったので、彼らのまっすぐな祈りの心は通ったことになります。

神事の中で、5名の男性参加者は南朝（平家）側が3名、北朝（源氏）側が2名に分かれていました。勝者と敗者、双方が抱えている争いの心を終わらせるために「母の力をお借りしたい」とだけ女性参加者に伝え、彼女たちはそれに応えるように、「母性の祈り」を所作で示してくれました。

なかでも龍宮底神を守る沖縄の巫女は、「男たちに頭を下げさせてはいけない！」という思いで祈りの先頭に立ち、神に対して土下座をしてくれました。これは男の子を生んだお母さんが「どうか、我が子の愚かさをお許しください」と詫びるのと同じです。後ろから見守っていた男たちも、女性全員が土下座をする姿を見て心が震え、自分たちも土下座をし、男の愚かな争いの心をお詫びしました。

宮崎神宮（宮崎県宮崎市）

最後に、神から「許しの印」を受け取ったのは、はじめて神事に参加した熊本出身の男性でした。彼の報告では、「目の前が赤く輝き、神様から砂時計を拝受した」そうです。時を刻む砂時計は、逆さまにすることで新たな時を刻みはじめます。カルマで苦しんだ時が終わり、喜びに満ちた新たな時が流れることを神様が知らせてくれたのでしょう。

こうして女性参加者に乗った大巫女の力を借りたことで、すべてが元に戻り、南北朝カルマはすべて外れました。

愚かな男たちを本気で支えてくれた女性たちに心から感謝するとともに、これからの男は、お母さんに喜ばれる存在となって恩返しをすることが大切であると再認識しました。男の参加者全員で、そう誓い合いました。

【7月8日】鵜戸神宮・吾平山上陵

神事４日目、いよいよ天皇魂神事も最終日を迎えました。前日の７月７日には、宮崎神宮で、神武天皇とその背後に控える女性・母親の神々に天皇魂おさめを承認していただきました。そこで、神武天皇の父親とされる鸕鶿草葺不合尊《うがやふきあえずのみこと》が祀られた鵜戸神宮へ再び参拝し、ここ数日の神事についてご報告することにしました。

まずは入り口付近にある稲荷神社へご挨拶。天皇家とは関わりがない社ですが、古い時代から日本の発展に貢献されてきた秦氏一族に感謝を伝えました。

ここからさらに山を登る途中、カニが現れました。山腹でカニに出会うとは驚きましたが、甲殻類が多い場所はたいてい波動の高い聖地です。

鵜戸神宮（宮崎県日南市）

ジャングルのような林を抜けると、突然のように視界が開け、海に出ました。この光景には、先に訪れた天安河原と同じ神界を感じました。まさに命の循環が守られた場所なのです。

すると、女性参加者の一人がお腹の痛みを訴えはじめました。彼女は50代でしたが、まるで妊娠したときのようにお腹が張って苦しいといいます。私は、祈りの中で「神産み」をさせました。

全国で行っている地球創生神事では、これまでに何度も生まれ変わりのエネルギーが女性参加者のお腹に入ることがありました。そのたびに私は神産みの儀式を行います。この儀式では、出産経験のある・なしに関係なく、参加者の女性一人を神が選びます。これには「自分の子どもだけはなく、他人の子どももわが子のように愛しなさい」という女性へのメッセージが含まれています。

さらに山を登り進め、速日峯《はやひのみね》頂上にある吾平山上陵《あひらのやまのうえのみささぎ》に到着しました。日本書紀にも登場する御陵で、ここには神武天皇の父・鸕鷀草葺不合尊が祀られています。鹿児島県吾平町にも鸕鷀草葺不合尊の御陵があるため、鵜戸神宮の陵墓は伝説地といわれていますが、私の神事によれば、鸕鷀草葺不合尊の御魂はたしかにここにおられます。同じ御霊が何カ所にも同時に存在することは十分にあり得ることなのです。

今回の神事についてご報告すると、鸕鷀草葺不合尊の御霊は「申し訳ないのと、ありがたい」とおっしゃいました

鵜葺草葺不合尊の妻（神武天皇の母）である玉依《たまより》毘売《ひめ》は、沖縄の宮古島出身であることがわかり、それによって宮古島―沖縄本島―出雲大社―伊勢神宮を神事で一つにつなぎました。こうして私が、天皇家に隠された「沖縄からの母系の血筋」を明らかにしたことに対し、鸕鷀草葺不合尊の御霊はお礼をいわれたのです。

ここで改めて情報を整理しましょう。現在の天皇家の血筋は「百済から来ている」と皇族

の方々は教育を受けられています。しかし、それ以前の天皇家の血筋は、新羅でした。

このような男系血筋の入れ替わりに尽力されたのが、三韓征伐で活躍した神功皇后でした。神によってつくられた日本という国を守るために、男たちの争い心をすべて自分の腹の中におさめた素晴らしいお母さんです。

新羅と百済のほかに、天皇家の隠されたもう一つの血筋が、沖縄・宮古島からの母系ライン。神武天皇の母親は、宮古島出身の玉依毘売です。愚かな男たちの争い心を、玉依毘売がもつ母の愛によっておさめ、天皇家は一つにまとまりました。こうした母に対する感謝の気持ちが、天照大神を祀っている背景にあるのです。

令和の時代になってこの事実が公開される理由は、「男たちの争い心を腹でおさめる賢い母たち、賢い女性たちの時代が到来する」というメッセージなのでしょう。その意味を、女性はしっかりと受け取めてください。そして男性は、大義名分のために命をかける志をもってください。

いますぐ、この日本から希望を発信する活動をはじめてください。どうぞよろしくお願いいたします

おわりに

この日本を選んで生まれてきた理由

一般的に日本人は無宗教といわれますが、天皇を神官のトップとする日本神道、八百万の神という思想が魂の奥底に脈々と受け継がれていることで、日本人は他の宗教や他の民族を懐深く受け入れる素地があるのでしょう。

霊や魂という存在を認め、歴史を振り返れば「仏教」をすんなりと受け入れて一体化してきました。一神教を信仰する国ではあり得ないことだと思います。

そして、日本神道を語るうえで外せないのが人格神・自然神・宇宙神という3つの信仰の柱です。じつはこの宗教観が日本人の根幹にあるのです。

なかでも人格神とは、人が神であり、神が人であるということ。人間を神聖視する意味において大きな心の糧になる神の概念です。

いにしえの時代、なぜ世界中の民族が日本を目指したのか。それは、日本が「日（火・陽）の出ずる国」だからです。宇宙と地球をつなぐ大切な場所として日本列島が誕生したことを、彼らは知っていました。

私たち日本人は世界の、そして宇宙すべてのカルマを外すために、この日本を選んで生まれてきたのです。そしていま住んでいる土地が、あなたの役目を果たす場所なのです。

日本に生まれ育った一人ひとりの意識と行動が問われています。

見えない世界を感知しないからといって、日本人としての役目を無視することはできません。動くべき人が動き、祈るべき人が祈り、守るべき人が守る。集合意識につながりながら、自分の魂を磨きあげるために、喜びや苦しみを味わう肉体が与えられていることに、どうぞ気づいてください。

自分が日本人として生まれた意味を深く理解し、その重要性を周囲に伝える人になっていただきたいと切に願っています。

神は、いつでもあなたを見守っています。

天無神人

プロフィール

天無神人《アマミカムイ》

スピリチュアル大学校 代表・地球創生&ハートランド龍球 代表・ライフコンサルタント

1959年　北海道生まれ。幼い頃から霊感が強くさまざまな霊的体験を経験。
1982年　岡山理科大学応用数学科卒業。霊的能力を自ら封印し、一部上場大手流通企業に就職。売場責任者やゼンセン同盟所属労働組合の中央執行委員、北海道と関東のスーパーバイザーなどを経験して本社バイヤーとなるが、個人事業を起業するために37歳で退職。
1996年　食と健康を改善する健康関連の個人事業を全国展開で起業。
1998年　突然、霊視および透視能力が復活。『地球を救いなさい』とのメッセージを受け取る。霊視透視・ヒーリングをボランティアで数百名に施術。
2000年　全宇宙の創造主（マスター）と対話、真理を悟る。
2001年　人間・自然・地球・宇宙の愛をボランティアで実践。
2002年　地球創生1000年プロジェクトの啓示が降りる。
2003年　神事、勉強会、個人セッションを通して魂の気づきを深めながら、地域と全国に繋がる愛のソウルネットワークを構築。全国で講演活動をしながら、北海道神事をスタートさせる。
2004年　神様からの許可が下りて宮古島を訪ねる。伊良部島の聖地で「白龍の神様」が舞い上がる。
2005年　宮古島を再訪。地元の龍を守る人たちと出会い、約800年続く伊良部島の伝統祭事・ユークイに参加。
2006年　宮古島を再訪。ユタを通じて受けた神様から次の依頼を受ける。① 伊良部島の龍門を開き、宮古諸島すべての七龍宮を開くこと ② ウズヌシュ様の大切さを伝え残すこと ③ 伊良部島が龍の聖地・竜宮城であることを伝え残すこと。
2007年　伊良部島での黒龍祈り。白龍および黒龍の意味と、久米島で天岩戸開きを行う。地球の新しい呼び名「龍球王国」とそのメッセージが降りる。龍球王国十五神の名前を公開（龍球王国を支える神の役目）。
2008～2009年　霊峰白山登山神事など全国で神事を行う。沖縄本島村建て神事・奄美神事・霊峰富士山登山神事・八重山神事・伊豆神事など、全国巫女ネットワークを立ち上げる。
2009～2014年　「本州の土地のカルマを外しなさい」との啓示が降りる。本州神事を決意し、富士山に登頂。関東・東海・関西・四国・九州の神事を本格的に行う。
2011年3月11日　東日本大地震発生（事前に警告）。地球の未来を本気で考える仲間たちのコミュニケーションサイト『地球創生SNS』の運営を開始。
2015～2018年　進化の三年間。2015年までの地球創生神事によって民族カルマ、土地カルマの封印を解除。現実の歓びを創造できる人材育成のための地球創生勉強会を全国各地で開催。精神世界を学問として残すための「スピリチュアル大学校」をインターネット上で開校。
2019～現在　2020年問題で起きる老後の不安をすべて解消する新ビジネスを法人化し、全国でフランチャイズ展開を計画。

地球創生公式ホームページ　https://earthtscu.jp/
天無神人公式ブログ　http://blog.yoshiokamanabu.com/

【著書】
『白龍の神導き 沖縄 宮古島・伊良部島』(ハートランド龍球)『アカシックレコード13星団の秘密1 前世を超えた遥かなる起源へ』『アカシックレコード13星団の秘密2 全てはこの地球(ほし)を救うために』『アカシックレコード13星団の秘密3 転生を司る存在との究極の対話』『【宇宙の創造主:マスター】との対話1 大巫女と天皇家こそは地球継続の鍵』(ヒカルランド)

日本の神々と天皇家のルーツと役割

人神学を通して見えてきたもの

●

2020年10月30日 初版発行

著者／天無神人《アマミカムイ》

装幀／福田和雄（FUKUDA DESIGN）
編集／野崎陽子
本文DTP／株式会社エヌ・オフィス

発行者／今井博揮

発行所／株式会社ナチュラルスピリット
〒101-0051 東京都千代田区神田神保町3-2 高橋ビル2階
TEL 03-6450-5938 FAX 03-6450-5978
E-mail: info@naturalspirit.co.jp
ホームページ https://www.naturalspirit.co.jp/

印刷所／モリモト印刷株式会社

ISBN978-4-86451-344-9 C0014